W0056152

Bernhard Günter

Hillary und Bill Clinton

Eine Erfolgsstory

Originalausgabe

WILHELM HEYNE VERLAG
MÜNCHEN

HEYNE ALLGEMEINE REIHE
Nr. 01/8528

Redaktion: Renate Volk
Übersetzungen: Kirsten Bauer

ISBN 3-453-06706-1

Inhalt

Das Billary-Team hält fest zusammen. (dpa)

Warum starrst Du mich so an?

Vom Kennenlernen und vom Siegen

Ein typischer Donnerstagnachmittag in der Bibliothek der juristischen Fakultät von Yale: In den Gängen zwischen den Bücherregalen stehen die zukünftigen Anwälte und Richter, allesamt Studenten der amerikanischen ›Eliteuniversität‹, fieberhaft suchen sie die benötigten Bücher, blättern in ihnen und machen sich, wenn sie das Gewünschte gefunden haben, mit einem Stapel auf in den Lesesaal. Trotz der Ruhe, die dort herrscht, spürt man die Konzentration, das Angespanntsein der Studenten. Eifrig wird notiert, exzerpiert und studiert.

Nur an einem etwas breiteren Tisch scheinen die Bücher nicht diese Anziehungskraft auszuüben: Zwei junge Männer sitzen an ihm. Sie stecken ihre Köpfe zusammen. Immer wieder zupft der eine den anderen am Arm, sichtlich bemüht, ihn von irgendetwas zu überzeugen. Mit unaufhörlichem Redefluß deckt er sein Gegenüber ein, zeichnet ihm auf Schmierpapier irgendwelche Diagramme und Pfeile auf, die ihm etwas verdeutlichen sollen. Und mit zunehmender Dauer dieser Überzeugungsarbeit hebt sich die Stimme des einen, versucht er, mit der Lautstärke seiner Worte zu überzeugen.

Der andere junge Mann, mit dem leicht geröteten Kopf und den langen halbmondförmigen Koteletten beschwichtigt ihn, mahnt ihn, leiser zu reden. Dies sei nicht der Ort für ein lautes Zwiegespräch. Die Kommilitonen dürften nicht gestört werden. An den wenigen freien, holzgetäfelten Wänden in der Bibliothek hängen denn auch große Schilder mit der Aufschrift »Silence!« – das Piktogramm eines mahnenden Zeigefingers vor geschlossenen Lippen unterstreicht dies noch. Doch der eine, Jeffery Glekel, studentischer Chefredakteur des »Yale Law Journal«, kann sich nur schwerlich bremsen – sein ›Opfer‹ heißt Bill Clinton.

Er muß Bill als Schreiber für sein Blatt gewinnen. Und er zieht alle Register. Er skizziert mit einer für ihn ungewöhnlichen Beharrlichkeit die Vorzüge einer Mitarbeit im »Yale Law Journal«. Fast alle früheren Mitarbeiter der Zeitschrift seien bisher entweder als Lehrer an den angesehensten Universitäten untergekommen, oder aber haben einen hochbezahlten ersten Job in einigen der erfolgreichsten Anwaltskanzleien der USA bekommen, so sein Credo. Man kann fast meinen, Bill Clinton würde mit seinem ›Ja‹ den Hauptgewinn einer Jahreslotterie ziehen. Doch Glekel spürt, daß es nur sehr, sehr schwer gelingen wird, den Student aus Arkansas zu überzeugen. Er weiß, daß Bill in erster Linie nur zu höflich war, ihm sofort eine Absage zu erteilen. Aber nichtsdestotrotz – vielleicht kann er, Jeffery Glekel, es ja doch schaffen… Er läßt nicht locker. Aufs neue beginnt er, seinen Widerpart mit Worten zu bearbeiten. Der stellt weiterhin artig seine Zwischenfragen.

Jeffery Glekel glaubt, ein wenig an Terrain zu gewinnen, als Bills Blicke an ihm vorbeizielen. Bills Aufmerksamkeit nimmt in Bruchteilen von Sekunden ab, seine Bereitschaft, den Vorzügen eines Schreiberpostens zu lauschen, erstirbt. Unablässig stiert er über Glekels rechte Schulter. Unkonzentriert, fast schon verwirrt, aber noch Interesse heuchelnd, stammelt der sonst so eloquente Clinton seine Fragen.

Glekel versucht den Grund für diese urplötzliche Wandlung auszumachen. Unmerklich dreht er seinen Kopf zur Seite und sieht am Nebentisch, hinter einem Berg Bücher verborgen und dem äußeren Eindruck nach konzentriert ihre Notizen machend, Hillary Rodham – eine Kurskollegin. Sie ist es, die die Blicke Clintons auf sich zieht. Sie

Bill Clinton im Jahr 1974. (dpa)

ist es, die Bill stammeln und seine ihm angeborene Höf-
lichkeit vergessen läßt. Sie hat ihn in den Bann gezogen.
Einem Bann, dem Bill nicht mehr entkommen soll.

Jeffery Glekel weiß, daß er und das »Yale Law Journal«
verloren haben. Er kämpft einen Kampf, ohne Aussicht auf
Erfolg. Sein jämmerliches Rückzugsgefecht wird dann
auch noch jäh unterbrochen, als Hillary Rodham sich von
ihrem Platz erhebt. Nur kurz fixiert sie Bill Clinton. Geht
mit festen Schritten auf ihn zu, tippt ihm auf die Schulter
und sagt mit einem neckischen Kopfnicken:

»Wenn Du mich schon die ganze Zeit so anstarrst, und
ich schon die ganze Zeit über so zurückstarre, könnten wir
uns ja eigentlich schon mal bekannt machen.«

Bill ist perplex. Er ringt nach Worten. Seine Knie werden
weich. Für einen kurzen Augenblick vergißt er sogar seinen
Namen.

Jeffery Glekel spürt den Funken, der zwischen Hillary
und Bill überspringt und der ein Feuer entfacht. Er wirft
das Handtuch, läßt »Law Journal« »Law Journal« sein und
zieht sich diskret zurück.

»Ich war völlig von den Socken. Es sah so aus, als ob
sie schon länger wußte, wer ich war. Aber ich… ich hatte
das nicht einmal bemerkt«, weiß Bill Clinton später über
diese Situation zu berichten.

Bereits wenige Tage zuvor wurde Hillarys Interesse an
diesem großgewachsenen Typen, mit dem immer leicht geröteten Dutzendgesicht geweckt. Bill stand mit ein paar
Freunden in der Aula, selbstvergessen in seinem Lieblings-
thema schwelgend: Arkansas, seine Heimat. Wie kein anderer verstand er es, seine Kommilitonen mit neuen Geschichten und Anekdoten über Little Rock und Hot Springs
zu ergötzen. Als Hillary Rodham mit ein paar Freundinnen
an dem mit Händen und Füßen redenden Bill Clinton vor-
beiging, schwang sich dieser gerade auf, mit voller Inbrunst

und Stolz, die Vorzüge seiner Heimat 'rüberzubringen: »Und nicht nur das. Wir in Arkansas, wir haben sogar die größten Kürbisse der Welt.« Bill Clinton erntete in diesem Augenblick keinen einzigen Kürbis, sondern nur das Gelächter seiner umstehenden Studienkollegen.

Doch Hillary Rodham fand es fesselnd, wie er – allem Spott zum Trotz – mit überlaufendem Herzen seine Heimat verteidigte. »Wer ist dieser Junge?« fragte sie eine ihrer Freundinnen.

»Ach der. Das ist Bill Clinton. Und alles, über was der redet, ist Arkansas.« Sie mußte ihn unbedingt kennenlernen.

»Doch! Ihr Verhalten damals in der Bibliothek hat mir imponiert. Und mich wundert es nicht, daß wir seither – mehr oder weniger – zusammen sind«, so Bill Clinton.

Einundzwanzig Jahre nach diesem ersten ›bewußten‹ Treffen, vor dem ›kleinen‹ Weißen Haus, dem Gouverneurssitz in Little Rock, Arkansas.

Es ist der 3. November 1992 – Election Day: »An diesem Tag haben die Amerikaner mit großen Hoffnungen, weiten Herzen und in großer Zahl abgestimmt, um einen neuen Anfang zu machen. Diese Wahl ist ein klarer Aufruf an unser Land, sich den Herausforderungen des Endes des Kalten Krieges und des Beginns des nächsten Jahrhunderts zu stellen, für unser Land wieder Wachstum und Gelegenheiten für unser Volk zu schaffen, unsere Bürger in die Lage zu versetzen, mehr Verantwortung für ihr eigenes Leben zu übernehmen und die lange ignorierten Probleme anzupacken«, sprudelt es aus Bill Clinton hervor. Er zieht die Tausende in seinen Bann, »und vielleicht am wichtigsten, unser Volk wie nie zuvor zusammenzubringen, so daß unsere Verschiedenheit die Quelle von Stärke in einer Welt sein kann, die immer enger zusammenrückt, wo jeder zählt und jeder ein Teil der amerikanischen Familie ist.«

Eine halbe Stunde vor Mitternacht war Bill Clinton am Tag seines Sieges vor dem Regierungssitz des Gouverneurs in Arkansas ins Freie getreten, um sein Bad in der jubelnden Menge zu nehmen. Man spürte, daß er das erreicht hatte, was er sich angeblich drei Jahrzehnte zuvor vorgenommen hatte. Er strahlte über das ganze Gesicht. Er war über und über glücklich. Und dieses Glück schien auf die Menge überzuspringen.

»Es ist noch nicht lange her, da habe ich einen Telefonanruf von Präsident Bush bekommen. Es war ein großzügiger und entgegenkommender Anruf mit aufrichtigen Glückwünschen und dem Angebot, mit mir zusammenzuarbeiten, unsere Demokratie in einem wirksamen und wichtigen Übergang am Laufen zu halten. Ich fordere Sie alle auf, sich mir anzuschließen, Präsident Bush für sein Leben im öffentlichen Dienst zu danken, für die Anstrengungen seit seiner Zeit als junger Soldat im Zweiten Weltkrieg bis zu seiner Mithilfe, das Ende des Kalten Krieges herbeizuführen, zu unserem Sieg im Golfkrieg, bis zu seiner Würde, mit der er in der besten amerikanischen Tradition die Ergebnisse dieser Wahl heute nacht annimmt. Laßt uns Herrn Bush und seiner Familie die Hand reichen.«

Tausende Bürger von Arkansas jubeln Bill Clinton begeistert zu. Die rhythmischen »Clinton, Clinton«-Rufe unterbrechen seine Rede. »Ich erinnere Euch, meine Landsleute, heute nacht erneut daran, daß dieser Sieg mehr als ein Sieg der Partei war. Es war ein Sieg für die Menschen, die hart arbeiten und sich an die Regeln halten, ein Sieg für die Menschen, die zurück- und außenvorgelassen wurden, aber mehr wollen, ein Sieg für die Menschen, die bereit sind, im Wettbewerb zu stehen und in der weltweiten Wirtschaft zu gewinnen, aber eine Regierung brauchen, die ihnen die Hand reicht, keine Almosen. Heute hatten der Stahlarbeiter und der Stenograph, der Lehrer und die Kran-

Die drei Clintons am Ziel ihrer Träume: Bill Clinton wird
der 42. Präsident der USA. (dpa/epa/AFP)

kenschwester in dem Geheimnis der Demokratie soviel
Macht wie der Präsident, der Milliardär und der Gouverneur.« Wieder wird er unterbrochen.

Clinton hebt seinen Arm und bittet die Menge noch einmal um Ruhe: »Ich nehme heute nacht die Verantwortung
an, die Ihr mir gegeben habt, um der Führer dieses Landes
zu sein, des großartigsten Landes in der Geschichte der
Menschheit. Ich nehme sie mit vollem Herzen und freudi-
gen Gefühlen an. Aber ich bitte Euch auch, wieder Amerikaner zu sein, nicht nur daran interessiert zu sein, zu
nehmen, sondern zu geben, nicht nur Schuld zuzuweisen,

sondern Verantwortung zu übernehmen, sich nicht nur um sich selber zu kümmern, sondern für andere zu sorgen.«

Er hält inne, ein kurzer Blick zu seiner Frau, die etwas zurückversetzt, rechts hinter ihm steht. »We want Bill! We want Bill!« schallt es über den Platz. Die Menge skandiert den Schlachtruf, der ihn in den letzten Wochen seines Wahlkampfes begleitet hatte. Er reißt seine Faust hoch und spricht beschwörend zu den Zwanzigtausend auf dem Platz: »Wir brauchen ein neues Gemeinschaftsgefühl. Wenn wir kein Gemeinschaftsgefühl haben, wird der amerikanische Traum zu Ende sein. Zusammen werden wir es schaffen. Zusammen können wir das Land, das wir lieben, zu dem machen, wofür es bestimmt war. Ich glaube weiterhin an einen Ort namens Hoffnung.«

Nur einen kurzen Augenblick ist Stille. Fast mutet es an, die Menge hole nur Luft. Dann brandet der Beifall auf. Wieder werden die »Clinton, Clinton«-Rufe laut, die Menge tobt. »We want Bill.« Abermals mit erhobener Faust, die Lippen selbstzufrieden zusammengepreßt, grüßt der 46jährige Bill Clinton in die Menge. Die von den Strapazen der letzten Tage müden Augen blicken dennoch voller Freude über die Menschenmassen. Er ist am Ziel seiner Träume: Er ist der Sieger. Und er ist nicht irgendein Sieger. – Er ist der 42. Präsident der Vereinigten Staaten von Amerika. Seine Frau Hillary tritt ihm zur Seite, faßt seine rechte Hand, drückt sie fest. Beide winken den Jubelnden zu. Es ist auch ihr Sieg. Hillary Rodhams ganz persönlicher Sieg.

Die Zeit von Hillary und Bill Clinton ist gekommen, die Zeit des »Billary-Teams«, wie eine große deutsche Illustrierte textete. Es soll die Zeit der Erneuerung, des Wandels werden. Wandel, Change, so lautete auch das Schlagwort, das Bill Clinton und seine Frau durch den langen, langen Wahlkampf begleitete. Und es hat bereits einen Wandel, einen

Wechsel gegeben – einen Generationswechsel. Der Sieg Bill Clintons ist auch der Sieg einer neuen Generation: Ein 68jähriger ehemaliger Bomberpilot aus dem Zweiten Weltkrieg mußte gehen – sein Nachfolger ist ein psychotherapieerfahrener Gegner des Vietnamkriegs. Und noch etwas hat sich mit diesem 3. November geändert: Der mütterliche Charme einer Barbara Bush gehört der Vergangenheit an. Eine erfolgsorientierte, selbständige Frau, die nicht nur Kinder gebärt, den Abwasch macht und »an seiner Seite« steht, hat das Zepter der »First Lady« übernommen.

Ein Ort namens Hoffnung

*Von Vätern und Waisen, Kinderträumen
und Dämonen*

Arkansas im Frühjahr 1946: Kurz nachdem ihr der Arzt
bestätigte, sie sei schwanger, kehrte Virginia Blythe
ins Haus ihrer Eltern zurück. Es zog sie nach Hope, in ›ihr‹
Zuhause. Der Wunsch nach Geborgenheit war zu stark. In
Hope glaubte sie, Hoffnung schöpfen zu können; nicht nur
wegen des Ortsnamens – der zu deutsch Hoffnung bedeutet.
Shreveport in Louisiana war ihr ohne Arbeit einfach zu
fremd, zu kalt. Es fehlte ihr die menschliche Wärme. Virginia fühlte sich einsam. Zumal ihr Mann, William Blythe,
immer häufiger unterwegs war – sein Beruf brachte dies
mit sich – und er wollte es ja schließlich zu etwas bringen.

Es war für William Blythe nach Kriegsende nicht einfach
gewesen, einen Arbeitsplatz zu finden. Die USA holten erst
mal tief Luft. Man wollte das Schreckliche verdauen, bevor
man an einen Neuanfang dachte. Auch die Wirtschaft machte keine Ausnahme. So waren die freien Arbeitsstellen noch
recht rar gesät. Nach zäher Suche griff er schließlich bei
einem Jobangebot als Handelsreisender zu. Allerdings war
die Stelle in Chicago, ein paar hundert Meilen von seiner
jungen Frau entfernt. Zwar versuchte er, so oft wie möglich
nach Hause zu kommen, aber die Überlandfahrten dauerten
lang, und oft lagen mehrere hundert Meilen zwischen ihm
und seiner Frau.

Am 17. Mai 1946 wollte William Blythe – wie so oft –
abends noch nach Hope zu seiner Frau fahren. Es regnete.
Die Straßen waren naß, und der nasse Asphalt spiegelte die
Lichter der wenigen entgegenkommenden Autos an die
Scheibe. Unablässig verrichtete der Scheibenwischer seine

Arbeit. Das leichte Quietschen der Wischerblätter hatte fast schon eine hypnotische Wirkung. Die Gedanken William Blythes schweiften ab. Er dachte an seine junge Familie, an die Zukunft. Wenn das Kind einmal da wäre, würde er Virginia nach Chicago holen. Auf die Dauer war diese Fahrerei keine Lösung. Sicher, es war ein Risiko, zusammen in eine solch große Stadt zu ziehen. Man müßte zuerst eine Wohnung finden. Für Virginia würden die ersten Wochen in der Fremde sehr hart werden. Aber zumindest der Verdienst würde reichen…

…es blieb beim Wunschdenken von William Blythe. Er sollte seine Frau nie wieder in den Arm nehmen können und sein – noch ungeborenes – Kind niemals zu Gesicht bekommen: Auf dem Highway 61 in Missouri, nahe der Grenze zu Arkansas, kommt der Wagen von William Blythe ins Schleudern. William Blythe kann den schweren Continental nicht mehr abfangen. Er kommt von der Fahrbahn ab und stürzt in den mehrere Meter tiefen Straßengraben. William Blythe wird durch den Aufprall aus dem Wagen geschleudert. Er erliegt, wenige Meter neben der Fahrbahn, seinen schweren Verletzungen. William Blythe ist der Vater von Bill Clinton.

Nur drei Monate später, am 19. August 1946, bringt Virginia Blythe in der kleinen amerikanischen Stadt Hope einen Jungen zur Welt. Sie nennt ihn nach dem verstorbenen Vater und dessen Vater und Großvater: William Jefferson Blythe IV. Von Anfang an wird der Junge aber nur Bill gerufen.

Bills frühe Kindheit steht ganz unter dem Zeichen des tragischen Unfalls: »Ich kam irgendwann einmal an die Stelle, an der mein Vater verunglückt war. Ich wünschte, er wäre mit seinem Auto auf die andere Straßenseite gerutscht, dann wäre er heute noch am Leben… Es ist sehr schwer, mit einem Mythos aufwachsen zu müssen«, wird

Bill Clinton später einmal sagen. Bill wächst in Hope, im Haus seiner Großeltern auf, den Eltern seiner Mutter.

Hope ist ein kleiner Ort im US-Staat Arkansas. Nur rund vierzig Kilometer sind es bis zur texanischen Grenze. Doch trotz der Nähe zu Texas ist Hope allenfalls wegen seiner großen und schweren Wassermelonen über die Grenzen des Südstaates hinaus bekannt. Seit Generationen, fast schon seit Menschengedenken heimsen die Wassermelonen aus dortiger Produktion bei Wettbewerben die ersten Preise ein. Sie sind die größten, die schönsten und die schwersten. Die letzte Preisträgerin aus Hope soll sage und schreibe 118 Kilogramm auf die Waage gebracht haben. Wohlgemerkt ohne Doping – denn die Preisrichter wachen mit Argusaugen darüber, ob nicht ein gewiefter Farmer seine Melonen mit ein paar Liter Wasser – über eine Spritze injiziert – ›getunt‹ hat. Was die Melonen betrifft, so seien sie dort nicht auf den Kopf gefallen, weiß ein langjähriger Besucher der Festivitäten zu berichten. Die Melonen seien immerhin Hopes erfolgreichster Exportartikel, weil einzigster, meinen böse Zungen weiter. Selbstredend findet die Prämierung der Monsterexemplare immer in Hope statt. Ein rauschendes Fest bietet den würdigen Rahmen für die Kürung dieser landwirtschaftlichen Spitzenerzeugnisse aus Arkansas. Die Stimmung erreicht alljährlich ihren Höhepunkt, wenn die frischgewählte Melonenkönigin die Auszeichnung für das monströseste Exemplar dem Besitzer überreicht. Und kurz darauf läßt die Melonenkönigin noch einmal die Stimmung steigen: Der Gewinner im Kürbiskernweitspucken bekommt von ihr den Siegerkuß – auch dies seit Generationen ein »Highlight« im Stadtleben von Hope.

Der überfällige Schluß aus diesem ›herausragenden‹ Ereignis: Hope ist ein verschlafenes Nest an der Interstate 30, im Südwesten von Arkansas. Einen kleinen Auf-

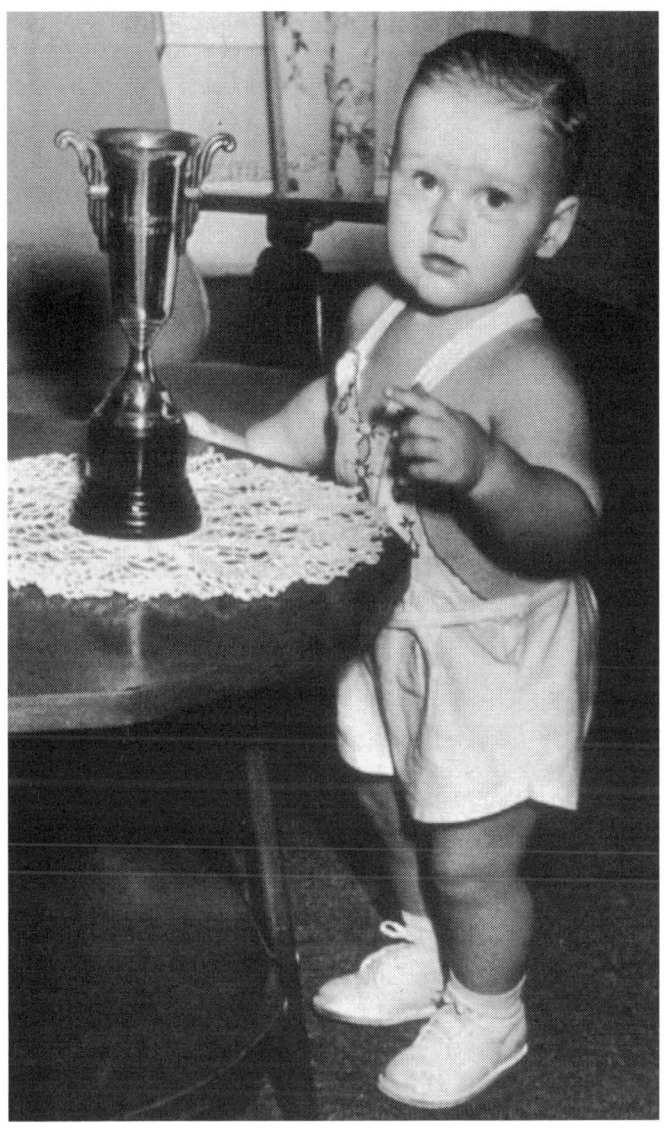

Früh übt sich… Schon als Kleinkind liebte Bill den Erfolg. (dpa)

schwung erhielt das Städtchen nur, als dort während des Krieges Artilleriemunition in einer Fabrik hergestellt wurde. Doch nach dem Krieg wurde Hope wieder zu dem, was es vorher schon war: zu einem eher armseligen Flecken im südlichsten Mittelwesten oder im mittelwestlichsten Süden der USA – in Arkansas.

Der Bundesstaat selbst scheint den meisten auch nur von der Durchreise her bekannt zu sein. Kaum ein Reiseführer, der die Schönheit oder Nicht-Schönheit – je nachdem von welcher Seite man es betrachtet – von Arkansas erwähnenswert findet. Manchmal hat man das Gefühl, Arkansas, der Staat, der 1836 als fünfundzwanzigster in die Union aufgenommen wurde, der sich im Frühsommer 1861 den Konföderierten angeschlossen hatte und in dem 1957 neun schwarzen Jugendlichen der Zugang zur High-School durch Armeeinheiten frei gemacht werden mußte, dieser Staat existiere überhaupt nicht. Fragt man die US-Amerikaner nach Arkansas, so erhält man oft nur ein abfälliges Schulterzucken sowie eine ebensolche Handbewegung und den abschätzigen Text: »Ach, dort! Dort wohnen doch die Hinterwäldler.«

So geht die Mär, daß in Arkansas – vor allen in den Bergen, den Ozarks – die rückständigsten Amerikaner leben. Noch gemeiner ausgedrückt, behaupten viele, daß die Bewohner dieses wirtschaftlich nicht gerade auf Rosen gebetteten Staates erst vor kurzem dem Stadium des Neandertalers entronnen sind. Und wirklich, einer der erhebendsten Augenblicke bei einer Reise durch die USA ist der, wenn man Arkansas hinter sich gelassen hat. Die stete Langweiligkeit, die die Ebenen im Süden und Osten des Staates, die mehr an den Mittelwesten als an den Süden der USA erinnern, und die nervende Eintönigkeit, die auch die großen Waldgebiete im Norden und Westen verströmen, prägen sich tief in die Herzen der Durchreisenden ein.

20

Selbst die Städte, ja selbst die Bewohner vermitteln einem diesen seltsamen Charme der Langeweile.

Die meisten Einwohner von Arkansas leben von der Land- oder Forstwirtschaft, doch die Felder sind durch die über Jahrzehnte hinweg intensivst betriebene Nutzung ausgelaugt und wenig ertragreich. Anders wie in vielen Staaten der USA gibt es in Arkansas deshalb nicht nur den »poor black«, sondern auch den »poor white«, den armen weißen Amerikaner. Im landesweiten Vergleich liegt der Staat mit dem ersten weichen ›s‹ und dem zweiten nichtgesprochenen ›s‹ im unteren Drittel: Der Stundenlohn von nur acht Dollar, bedeutet rund zwei Dollar weniger als im Landesdurchschnitt. Das Durchschnittseinkommen von 14.000 Dollar im Jahr rangiert in der US-Statistik nur 2000 Dollar über der Armutsgrenze und 5000 Dollar unter dem Durchschnittseinkommen der USA. Schon von jeher bildete Arkansas mit seinen Nachbarstaaten das wirtschaftliche Schlußlicht der USA. Das ist heute nicht viel anders als damals.

Wirtschaftliche Not prägt auch Bills Jahre in Hope. Oft wissen die Blythes nicht einmal, wovon sie am nächsten Tag das Essen bezahlen sollen. Als Bill zwei Jahre alt ist, geht seine Mutter nach New Orleans. Eine Ausbildung als Narkoseschwester soll in Zukunft die finanzielle Basis der kleinen Familie sichern. Bill bleibt bei seinen Großeltern zurück. Er ist ihr Einundalles.

Sein Großvater führt im Schwarzenviertel der Stadt einen kleinen Lebensmittelladen. Bill wird so schon früh mit den verschiedenen Hautfarben, dem ›Anderssein‹ und den Problemen des Rassismus vertraut. »Mein Großvater hatte lediglich die High-School abgeschlossen – also eine einfache Schulbildung. Aber in diesem Laden auf dem Lande lehrte er mich mehr über Gleichheit in den Augen des Schöpfers als alle meine Professoren in Georgetown, mehr

Kindheit in einem Ort namens Hoffnung – Bill Clinton
im Jahr 1950. (pandis media/Sygma)

über den wahren Wert jedes einzelnen als alle Philosophen
in Oxford, mehr über die Notwendigkeit der Gleichheit vor
dem Gesetz als alle Juristen in Yale. Mein leidenschaftliches

Engagement, Menschen ohne Ansehen der Rasse zusammenzuführen, das kommt von meinem Großvater. Wenn einer seiner Kunden – egal ob schwarz oder weiß – ohne Geld in den Laden kam, dann gab er ihnen auch etwas zu essen. Hauptsache er wußte, daß sie hart arbeiteten und ihr Bestes gaben. Bevor ich groß genug war, um über die Ladentheke sehen zu können, lernte ich von ihm, zu Leuten aufzublicken, auf die andere herabblickten.«

Bill wächst äußerst behütet in dem etwas heruntergekommenen Holzhaus in der South Hervey Street 117 auf. Und wie bei vielen Kindern, die von Großeltern erzogen werden, werden seine Fähigkeiten schon früh gefördert. Zusammen mit seiner Großmutter liest er in Kinderbüchern, und auf alle Fragen erhält er eine Antwort. Bis er in die Grundschule kommt, kann er bereits einfache Kinderbücher lesen. Und Oma und Opa sind besonders stolz darauf, daß er sogar schon ein wenig rechnen kann. Die Großeltern werden zu *der* Erziehungsinstanz in Bills früher Kindheit. Zumal seine Mutter die Woche über in New Orleans lebt und sie es nur an den Wochenenden schafft, zurück nach Hope zu ihrem Kind zu kommen. Und nicht einmal das ist sicher, denn häufig machen ihr ein Wochenenddienst oder Prüfungen einen Strich durch die Rechnung.

Noch nicht einmal vier Jahre alt, besucht er zusammen mit der Oma seine Mutter in New Orleans. Zum ersten Mal sieht er Häuser mit mehr als zwei Stockwerken. Die Stadt kommt ihm riesig und unnahbar vor. Er versteht nicht, weshalb seine Mutter in dieser Stadt leben möchte – und nicht bei ihm, in Hope. Erst viel später soll ihm klar werden, daß sie dies in erster Linie auch seinetwegen tat: »Ich kann sie heute noch ganz genau mit den Augen eines dreijährigen Kindes sehen, wie sie sich im Bahnhof niederkniete und weinte, als sie mich wieder in den Zug zu meiner Großmutter setzte. Sie stand diesen Schmerz durch, weil sie wußte, daß ihr Opfer der einzige Weg war, um für mich zu sorgen und mir ein besseres Leben zu verschaffen.«

Der kleine Bill macht sich darüber jedoch nur kurz Gedanken. Denn schließlich verlebt er bei den Großeltern eine schöne Kindheit. So manch älterer Nachbar des kleinen Lebensmittelladens in der South Hervey Street erzählt heute noch von dem kleinen Kind, das mit Cowboyhut und Cowboystiefeln, auf einem Dreirad sitzend den Fußweg vor dem Laden auf und ab gefahren ist. Der einzige Wermutstropfen in diesen ersten Jahren bleibt ein dreifach gebrochenes Bein – Bill blieb beim Seilhüpfen an selbigem hängen.

Im Jahr 1950 heiratet seine Mutter ein zweites Mal. Ihr Mann ist Roger Clinton, ein Autoverkäufer, den sie in New Orleans kennengelernt hatte. Sie zieht mit ihm zusammen nach Hope und holt ihren Sohn zu sich, in die 13. Straße, in ein zweistöckiges, typisch amerikanisches Holzhaus. Doch Roger Clinton ist nicht gerade mit beruflichem Erfolg gesegnet. Sein Bruder Raymond setzt ihn zwar als Chef der Buick-Niederlassung in Hope ein, doch der Handel mit den Buick-Gefährten stellt sich schon bald als recht schleppend heraus. Gut ein Jahr später muß Roger Clinton die Autovertretung schließen. Die Clintons ziehen in die Nähe von Hot Springs, sechzig Kilometer von Hope entfernt. Dort arbeitet Roger Clinton in der Autoniederlassung seines Bruders, und auch seine Frau findet bald einen Job in dem ehemals so mondänen Badeort. Ihr erstes Heim, eine Farm etwas außerhalb von Hot Springs, müssen die Clintons aber bereits zwei Jahre später wieder verlassen. Sie ziehen in die Stadt und lassen sich in einer eher mittelmäßigen Gegend nieder. Die neue Adresse, Park Avenue, klingt besser, als sie tatsächlich ist. Einige Zeit später mietet die Familie ein Haus in der Scully Street 213.

Hot Springs ist Anfang der fünfziger Jahre eine seltsame

Mischung aus »Hinterwäldler«-Stadt und Badeort. Die Geschichte der Stadt ist auch dementsprechend wechselhaft. Im vergangenen und zu Beginn unseres Jahrhunderts war Hot Springs das bekannteste Heilbad in ganz Amerika. Siebenundvierzig heiße Quellen sorgten für Wohlstand und einen stetig wachsenden Bekanntheitsgrad der Stadt. Bald schon ließen sich dort selbst Präsidenten von ihren Leiden kurieren und die High-Society des Landes gab sich gegenseitig die Türklinken der Hotelzimmer von Hot Springs in die Hand. – Fast vier Millionen Liter heißes Wasser, mit Temperaturen von knapp über sechzig Grad treten auch heute noch täglich in der Stadt an die Oberfläche.

Im Jahr 1921 wurde dann der im Westen gelegene Waldgürtel zum Nationalpark ernannt – eine weitere Attraktion. Doch die Goldenen Zwanziger Jahre sollten noch für Ruhm der anderen Sorte sorgen: Al Capone, Meyer-Lansky und all die anderen kamen aus Chicago nach Hot Springs, um sich zu zerstreuen. Mit ihnen kamen die illegalen Spielhöllen und die Prostitution in den mittleren Westen von Arkansas – soweit beide Laster nicht schon vorher die Leiden der Reichen versüßten. Die wirtschaftliche Depression, die Wirren des Zweiten Weltkrieges und die durch die Verkehrsmittel Auto und Flugzeug näher ›zusammengerückten‹ Vereinigten Staaten ließen das Interesse an dem Badeort sinken. Zwar sorgten Spielhöllen und Quellen auch Anfang der fünfziger Jahre noch für regen Zulauf, doch mit dem Ruhm und mit dem Attribut »möndän« ist es seither vorbei.

Davon merkt Bill relativ wenig. Die Clintons haben ganz andere Probleme. Vater Roger ist alkoholabhängig. Das allein ist schlimm genug, doch obendrein wird Bills Stiefvater, wenn er betrunken ist, auch noch aggressiv. Bill muß des öfteren zusehen wie Roger Clinton seine Mutter schlägt. Wenn er betrunken nach Hause kommt, ist der Vater unberechenbar. Seine Gefühlsschwankungen machen das Leben unter einem Dach zur Tortur. Einmal greift Roger Clinton im Suff sogar zur Pistole und feuert im Schlafzimmer einen Schuß ab. Die Kugel bleibt, ohne größeren Schaden anzurichten, in der Wand stecken. Vom Lärm aufgeschreckt, alarmieren die Nachbarn die Polizei. Roger Clinton wird verhaftet und über Nacht in die Ausnüchterungszelle gesteckt. Aber wo kein Kläger, da auch kein Angeklagter: Seine Frau Virginia sieht von einer Anzeige ab, und Roger Clinton kommt kurz darauf wieder frei. Die Angst vor den Nachbarn, die Angst, die häuslichen Probleme zugeben zu müssen, sie ist zu groß. Oft packt Virginia ihr Kind und flieht vor dem tobenden Mann ins Motel des Nachbarortes. Die Fassade eines heilen Familienlebens muß aufrechterhalten werden. Roger selbst schwört immer wieder aufs neue Besserung, trinkt erneut, schlägt seine Frau, ist einmal mehr zerknischt, schwört wieder. Es ist ein Teufelskreis, aus dem sich Roger Clinton und die Familie nicht befreien können. Bill leidet schwer unter den unkontrollierten Ausbrüchen seines Stiefvaters. Für ihn wird die Suche nach Harmonie immens wichtig. Er verspürt den Drang, von diesem Zuhause wegzugehen, fort nach draußen, in andere gesellschaftliche Bereiche, um es dann dort besser zu machen. Bills Streben nach Anerkennung, sein Bedürfnis, es allen recht machen zu wollen – vermutlich liegen die Wurzeln dafür in diesen Jahren. Harmonie wird für ihn zum Lebenselixier. Spielkameraden von damals erinnern sich heute noch daran, daß immer Bill derjenige war, der Streit schlichtete. In einer vom Alkoholismus zerrütteten Familie zu leben, konnte ja auch an ihm nicht spurlos vorübergehen. Automatisch wurde er so zum Versöhner und zum Vermittler oder fühlte die Notwendigkeit, als solcher aufzutreten: »In einer Alkoholikerfamilie wuchs ich mit wesentlich größerem Einfühlungsvermögen für die

Probleme anderer Menschen auf als der Durchschnittsbürger. Ich wurde deshalb viel selbständiger und härter als ich sonst vielleicht geworden wäre. Und ich habe gute Fähigkeiten entwickelt, um Menschen zusammenzuhalten und zu versuchen, Probleme zu lösen.«

Zu Hause lebt Bill jedoch in einem ständigen Wechselbad der Gefühle: Seine Mutter kümmert sich rührend um ihren Sohn, soweit sie neben der Arbeit Zeit findet. Auch der Stiefvater kann unwahrscheinlich lieb und aufmerksam sein, vorausgesetzt er ist nüchtern. Bill trifft die plötzliche Brutalität von Roger Clinton deshalb umso härter. Hilflos muß er mitansehen, wie dieser eigentlich geliebte Mensch von einem Dämon besessen scheint. Der kleine Bill kann sich dieses Verhalten nicht erklären. Er versteht nicht den ständigen Zwiespalt in der Persönlichkeit eines Alkoholikers. Er weiß nicht, daß sein Vater krank ist. Und es wird lange dauern, bis sich der erwachsene Bill mit seinem Stiefvater und dessen Alkoholproblem auseinandersetzt: »Ich glaube, daß es den meisten Menschen, die Alkoholiker oder von Drogen abhängig sind, an einem starken Selbstwertgefühl mangelt, daß sie von einer Angst befallen sind, sie seien von einem Dämon besessen.«

Bills Denken, sein Fühlen richtet sich nach draußen. Schon früh zeigt er Interesse an dem, was außerhalb der Familie, um ihn herum geschieht. Bereits mit acht Jahren liest Bill jeden Tag die Zeitung. Überhaupt bringt er für ein Kind seines Alters viel Zeit mit Lesen zu. Das wird sich auch in späteren Zeiten nicht ändern. Der Mann, dessen Lieblingsbuch Tolstois »Krieg und Frieden« ist, bezeichnet sich selbst als manischen Leser.

Ein eher marginales Ereignis im Jahr 1955 wird zum kleinen Markstein in Bills Entwicklung. Und was sich heute aus der Distanz lächerlich anhört, wird Bill beeinflussen: Die Clintons leisten sich den ersten Schwarz-Weiß-Fernseher. Für Bill ist dies ein ganz besonderes Ereignis: Zum ersten Mal bekommt er Politik hautnah zu spüren, vor allem den Kampf zwischen John F. Kennedy und Estes Kefauver um die Kandidatur als Vizepräsident beim Demokratischen Nationalkonvent im Jahre 1956. Er hängt an den Lippen der beiden Akteure, findet die Sprache beeindruckend und applaudiert ihnen, alleine vor dem Fernseher sitzend. Dieser Kampf bleibt ihm, wie er später sagt, bis heute in starker Erinnerung. Politiker zu werden, ist für ihn schon als Zehnjährigen nicht mehr so abwegig.

1956 kommt sein Halbbruder Roger zur Welt. Bills Mutter versucht zwar, sich ausgiebig um ihre beiden Söhne zu kümmern, aber oft geht der Beruf vor. Tag- und Nachtschichten im Krankenhaus zwingen sie häufig dazu, die beiden einem Kindermädchen anzuvertrauen. Was aber noch weitaus schlimmer ist: Immer öfter kommt es zu aggressiven Ausbrüchen des Vaters, die sich nun auch gegen die Kinder richten. Die Flucht in Hotels und Motels wird für die Familie fast schon zur Alltäglichkeit. Der Teufelskreis des Alkoholismus läßt sie nicht zur Ruhe kommen. Als sich Roger Clinton auch an seinem jüngsten Kind vergreift, spitzt sich die Situation in der Familie zu.

Eines Nachts, Vater und Mutter stritten sich lautstark, hält es Bill nicht mehr aus. Er reißt die Tür zum Schlafzimmer seiner Eltern auf, geht zwischen die beiden Streitenden, nimmt seine Mutter bei der Hand, holt seinen Bruder, geht wieder auf seinen verblüfften Stiefvater zu und bittet ihn aufzustehen, denn er müsse ihm etwas sagen. Als sich sein Stiefvater nicht gleich erhebt, sagt er zu ihm: »Daddy, wenn Du nicht aufstehen kannst, werde ich Dir helfen, aber aufstehen mußt Du, um anzuhören, was ich Dir zu sagen habe.« Als er seinem Vater in die Augen sieht, fährt er mit vibrierender Stimme fort: »Dad, ich bin jetzt größer als Du. Das wird hier einiges ändern. Dad, Du wirst

Schwere Zeiten schweißen zusammen – Clinton mit seiner
Mutter Virginia Kelly. (dpa/epa)

nie wieder einen von beiden schlagen. Und wenn Du es
dennoch willst, mußt Du Dich erst mit mir anlegen.«

Bills Mutter weiß sich bald nicht mehr anders zu helfen
und läßt sich vier Jahre nach der Geburt ihres zweiten Kin-

des – kurz nach diesem Zwischenfall – scheiden. Doch bereits ein Jahr später heiratet sie, gegen den Widerstand ihres Sohnes Bill, Roger Clinton zum zweiten Mal. Bill ist damals fünfzehn Jahre alt. Er versteht nicht, was in seiner Mutter vorgeht. Er kann ihre Liebe zu diesem Mann nicht nachvollziehen. Bill will den anscheinend plötzlichen Meinungsumschwung seiner Mutter nicht gutheißen. Aber was für eine Wahl bleibt ihm? Soll er sich von beiden distanzieren? Von seinem nichtleiblichen Vater hat er dies bereits getan, aber soll er es nun auch von seiner Mutter tun? Bill liebt seine Mutter und er hat Angst, diese Liebe zu verlieren. Er braucht die Harmonie der Mutter-Sohn-Beziehung und er entscheidet sich gegen seinen Verstand. Trotz der inneren Aversion gegen den Schritt seiner Mutter, zieht er mit ihr und seinem Bruder wieder zu Roger Clinton. Er legt sogar noch eins drauf: Bill will seiner Mutter die ganze Sache nicht noch schwerer machen und nimmt als äußere Erklärung seines Einverständnisses den Namen seines Stiefvaters an. William Jefferson Blythe IV, genannt Bill, wird nun auch vor dem Gesetz zu Bill Clinton.

Die familiären Probleme lassen Bill Clinton frühzeitig reifen. Er ist immer ein Stück ernster als seine Altersgenossen. Und dennoch: Wenn ihn auch Presse, Partei und Wahlkampfmanager später als »Comeback-Kid« titulieren werden, antwortet er auf die Frage, ob er eine glückliche Kindheit hatte, meist mit einem eindeutigen ›Ja‹: »Im großen und ganzen war ich schon ein ziemlich glückliches Kind. Als mein Stiefvater meine Mutter heiratete, zogen wir nach Hot Springs. Beide arbeiteten, wir hatten kein schlechtes Leben. Als ich zehn Jahre alt war, bekam ich sogar noch einen Bruder. Eigentlich eine ganz normale Kindheit. Ich hatte Freunde und lebte das Leben eines Kindes an einem wunderschönen Ort. Die Leute in der Nachbarschaft waren gut zu mir, und ich lernte einen Haufen an der Schule. Ich hatte ein gutes, ganz normales Leben. Aber zwischendurch geriet dieses normale Leben ganz schön aus den Fugen. Schon sehr früh mußte ich auch lernen, mit den Schattenseiten zu leben. Aber ich würde niemals behaupten, daß meine Kindheit ein Martyrium war. Es war gut. Und heute noch habe ich eine Menge Jugendfreunde aus dieser Zeit.«

Aus einer ganz normalen Familie

Von Eliten, Ehrgeiz und Erfolg

Die bürgerliche Fassade halten die Clintons trotz der Alkoholabhängigkeit des Vaters nach außen hin aufrecht. Von den Problemen spüren die Nachbarn nichts. Und sollte doch einmal ein lautes Wort oder das Geräusch zerberstender Teller zu hören sein, so wird demonstrativ am nächsten Tag ein umso breiteres Lächeln sämtlicher Familienmitglieder zur Schau gestellt. Jahre später, nach den Clintons und ihren häuslichen Schwierigkeiten befragt, äußert auch kein ehemaliger Nachbar, je etwas davon gewußt und bemerkt zu haben. Selbst die engsten Freunde von Bill erfuhren nichts von seinen schwerwiegenden Problemen. Er war immer der etwas ernste, aber zuverlässige und zuvorkommende Freund, der aus einer ganz normalen Familie stammt.

In den Augen eines unbedarften Betrachters führen die Clintons auch ein für die amerikanische Mittelschicht typisch komfortables Leben. Der Bungalow in der Scully Street 213 ist in Holzbauweise hochgezogen, so wie man sich die Häuser in einer amerikanischen Kleinstadt vorstellt – nicht besonders schmuckreich, die Uniformität zählt, wie ein Ei gleicht ein Bungalow dem anderen. Der Rasen ist immer kurzgeschnitten und den ganzen Sommer über stehen die Rosen in voller Blüte. Über die Sträucher hinweg unterhält man sich mit dem Nachbarn, tauscht die Kochrezepte aus oder diskutiert schon mal das Abschneiden der »Tigers« beim letzten Spiel. Der Garten ist Virginia Clintons ganzer Stolz. Jede freie Minute verbringt sie damit, die Pflanzen zu pflegen. Fast so, als sei das Bild einer intakten Familie nur auf diese Weise zu bewahren. Neben

Haus und Garten duckt sich der langgestreckte Anbau der Garage. Zwei große Buicks und ein kleines Henry-J-Cabrio finden darin ihren Platz – nicht ungewöhnlich, eher ein Muß für den amerikanischen Mittelstand. Und an der Garageneinfahrt hängt ein Basketballkorb, an dem sich Bill mit schöner Regelmäßigkeit versucht – eben wie jeder amerikanische Durchschnittsjunge.

Auch sonst ist Bill nicht viel anders als seine Altersgenossen. Außer vielleicht, daß er sich häufiger zurückzieht, um zu lesen. So macht unter seinen Freunden schon manchmal der etwas mit Spott vermischte Satz die Runde:

»Ach, Du gehst zu Bill. Willst ihm wohl über die Schulter schauen, wie er Bücher liest!«

Doch dahinter steckt mehr das übliche Necken unter Gleichaltrigen, als eine abschätzige Bemerkung über den großgewachsenen Jungen aus der Scully Street.

Die Jugendlichen treffen sich abends in der Polar Bar, leben von Hot Chili und den üblichen Hamburgern. Dazu bestellt man 'ne Coke mit viel Eis und 'nem farbigen Strohhalm. Man macht seine »Dates« aus, um gemeinsam ins Kino zu gehen. Dort swingt und singt sich der King of Rock'n Roll über die Leinwand. Und zu den Klängen von Elvis wird meist auch auf den Tanzparties des YMCA, des Vereins christlicher junger Männer, getanzt. Nichts unterscheidet Bill und seine Freunde von den Millionen Teenagern in den USA der fünfziger und zu Beginn der sechziger – den halbstarken und rebellischen Jahren.

Am Wochenende und an sonnigen Tagen holt Bill das gelbe Cabrio aus der Garage, setzt sich seinen wagenradgroßen, ebenfalls gelben Sombrero auf den Kopf und fährt mit dem Henry J zum »Cruising« über die Straßen von Hot Springs. Man hält an den Ecken an, spricht und scherzt miteinander, will sehen und gesehen werden und fährt weiter, zur nächsten Ecke, zum nächsten Schwatz. Wie in einem billigen Film über diese Zeit steuert Bill seinen Convertible bei Dämmerung auf die umliegenden Hügel der Stadt und blickt auf die funkelnden Lichter von Hot Springs, bis sich die Dunkelheit über den Badeort gelegt hat. So manches »Date« von Bill Clinton wird dann auch mit einer händchenhaltenden Heimfahrt und einem flüchtigen Kuß um zehn Uhr abends vor dem Haus der jeweiligen Angebeteten geendet haben.

Clintons Jugendzeit ist auch die Zeit der Musik, die Zeit des Jazz, des Rocks und die Zeit der Folk- und Protestsänger. Ray Charles, Nancy Wilson, Dionne Warwick aber auch Peter, Paul and Mary oder Joni Mitchell – sie sind die Idole für Bill und seine Freunde. So manches Mal wird in der Polar Bar Dave Brubecks »Take Five« gesummt oder vielstimmig das Country-Traditional, mit dem Tom Jones im Januar 1967 in den Billboard Charts vertreten ist, »The Green, Green Grass of Home« intoniert. Interessiert betrachten sie auch Anfang der sechziger, was von der Insel kommt: die Pilzköpfe, den Beat, den Revoluzzer-Rock der Stones. Und auch die melancholisch schnarrende Stimme von Bob Dylan und die mahnenden Arien von Joan Baez – all das hat Einfluß auf die Jugendlichen von Hot Springs. Wie groß dieser Einfluß auf Clinton gewesen sein mag, kann man vielleicht daran ermessen, daß seine Tochter den Namen »Chelsea« trägt. Nach einem wunderschönen Morgenspaziergang in England war er mit seiner Frau Hillary ins Hotel zurückgekommen und plötzlich begann er zu singen: »It's a Chelsea Morning« – ein uraltes Lied von Judy Colins, das in diesen Jahren von der Folk-Sängerin Joni Mitchell neu adaptiert wurde. Beide sahen sich damals nur tief in die Augen, und als Chelsea Anfang der achtziger Jahre zur Welt kam, war das Namenfinden für die Tochter kein Problem – sie erinnerten sich beide an diesen schönen Morgen und…

Selbst in der Politik hat die Pop-Kultur bei Bill Clinton einen festen Platz: So wurde der Konvent der Demokraten nicht mit herkömmlichen Klängen beendet, sondern Stevie Nicks, Lindsey Buckingham und Christine McVie von der Gruppe Fleetwood Mac sangen ihr »Don't stop thinking about tomorrow, Don't stop, it'll soon be here, It'll be better than before, Yesterday's gone, yesterday's gone... – Hör nicht auf, an das Morgen zu denken, es wird bald kommen, es wird besser sein als zuvor, das Gestern ist vorbei...«

Die High-School-Jahre werden für Bill zu einem ganz wichtigen Lebensabschnitt. Nun kann er sich selbst über Aktivitäten an der Schule, über seine überdurchschnittlichen Fähigkeiten und über seine Freunde definieren. Er kann von zu Hause ausbrechen, sein Bedürfnis nach einer heilen Welt stillen. Die Jahre an der High-School werden zum Wendepunkt in seinem Leben. Für ihn ist der Beginn der Schule, der Anfang einer »Reise, die ihn hinter das alltägliche Leben führt« – hinter das Leben, das er von zu Hause kennt. Und wie ein Süchtiger konsumiert er die Anerkennung in dieser neuen Welt. Er stürzt sich mit aller Vehemenz auf die schulischen Aktivitäten – auch um der Unruhe des Familienlebens zu entfliehen. Nicht nur im Unterricht, in den regulären Schulstunden, ist er überaktiv, auch im außerschulischen Leben gibt es für ihn kaum etwas, was für ihn nicht ohne Reiz wäre. Er nimmt die verschiedensten Posten an, was im nachhinein betrachtet, schon fast an Geltungssucht erinnert. Dennoch wird er von seinen Mitschülern akzeptiert: So wird er Schulsprecher und Vorsitzender der verschiedensten Vereinigungen. Mit dem Abstand vieler Jahre behauptet Bill Clinton rückblickend, daß diese damalige Überaktivität ungemein wichtig war: »Dort habe ich das Werkzeug mitbekommen, das ich später einmal in der Politik gebrauchen sollte.«

Auch die häufigen Diskussionen mit seiner Mutter

schärfen nicht nur seinen Widerspruchsgeist, sondern ebenso die Fähigkeit, sich mit den Argumenten des anderen auseinanderzusetzen. Lauthals streiten sie sich über allgemeine politische Themen und oft scheint es, als ob Bill allein aus Lust an einer kontroversen Diskussion immer die seiner Mutter gegensätzliche Meinung annimmt. Seine Mutter spielt dieses Spiel mit. Und so zanken sie sich manchmal stundenlang über ein x-beliebiges Thema. Überhaupt scheint die Beziehung zu seiner Mutter sehr wichtig für Bill Clinton zu sein. Auf die Frage, was er an ihr besonders schätzt, antwortet er: »Sie hat mich immer für voll genommen. Meine Mutter hat mich vieles gelehrt. Sie lehrte mich, was Familie, harte Arbeit und Opfer bedeuten. Sie blieb über alle Tragödien hinweg standfest. Und sie hielt unsere Familie, meinen Bruder und mich, durch harte Zeiten zusammen. Als Kind sah ich jeden Tag, wie sie das Haus verließ, um zur Arbeit zu gehen, zu einer Zeit, als es nicht gerade leicht war, arbeitende Mutter zu sein. Als Erwachsener sah ich, wie sie gegen den Brustkrebs kämpfte. Und wieder lehrte sie mich eine Lektion in Sachen Mut. Und immer, immer lehrte sie mich zu kämpfen.«

Diese Lehre bleibt nicht ohne Wirkung. Schon früh auf der High-School zeigt Bill Clinton das, was ihm später bei seiner steilen politischen Karriere am meisten helfen sollte: Ehrgeiz und das perfektionistische Streben nach Erfolg. Er muß immer der beste sein. In Mathematik gilt er als Genie und er gehört zu den Cracks in Latein. Das Erstaunliche dabei: Diesen Ehrgeiz, diesen Hang zum Erfolg zeigt er nicht nur in schulischen Dingen, auch im Sport und besonders im Bereich der Musik ist er – fast schon beängstigend – immer Spitze.

Bill Clinton ist ein sehr musikalischer Mensch und schon bald übernimmt er in mehreren Schulkapellen eine führende Rolle. Er organisiert Musikfeste, und man erkennt sein

Jugendträume haben sich nicht verloren – Saxophonist
Clinton einen Tag vor der Wahl. (dpa/epa/AFP)

Talent: Er wird erster Saxophonist in der All-State First Band – für einen High-School-Musiker die höchste Auszeichnung, die er jemals bekommen kann. Doch das genügt ihm nicht. Alles, was er anpackt, macht er mit vollem Einsatz und oft schießt er dabei sogar über das eigentliche Ziel hinaus. Zusammen mit zwei Schulkollegen findet er sogar noch die Zeit, eine eigene Band zu gründen: »The Three Kings«, so der nicht eben einfallsreiche Name der Truppe. Mehr als zwei Jahre spielen sie auf den diversen Schulfesten und Parties Jazz und Bosa Nova. Dabei halten sie sich nicht immer an den vorgegebenen Sound, sondern vielmehr an das Motto: Je später der Abend, desto wilder die Improvisation.

Er kennt kein Ende, tritt nebenbei noch auf die Bretter des Schultheaters, wird eines der vielen Opfer in »Arsen und Spitzenhäubchen« und kandidiert weiter für sämtliche Schulämter. Sein Spruch: »Hallo, ich heiße Bill Clinton und kandidiere gerade für…« geht in die Schulannalen ein. Seine Antriebskraft ist zu dieser Zeit unerschöpflich – und sein Motor, der ihn immer wieder antreibt, ist die Angst vor dem Zuhause.

Schließlich schiebt die Schule selbst seinem fast schon manischen Drang nach Posten einen Riegel vor. Die Schulleiterin verbietet ihm einige seiner Aktivitäten, indem sie die Schulregeln ändert: Sie begrenzt die Anzahl von Schulämtern, die ein einziger Schüler innehaben kann. Doch Bill findet immer wieder einen Weg, dann doch das zu machen, was er will. Und als sich wieder einmal eine der diversen Vereinigungen an die Schulleitung wendet, um Bill als Vorsitzenden zu rekrutieren, weiß sich die Schulleiterin nicht mehr anders zu helfen, als zu lügen. Er habe striktes Verbot von seiner Mutter, weitere Posten anzunehmen, da sonst die Schule zu kurz komme, erwidert sie auf das Ansinnen der Vereinigung, ohne zu wissen, wie Virginia Clinton die Sache wirklich sieht. Erst danach nimmt die Schulleiterin die Verbindung mit der Mutter von Bill auf und beichtet ihr diese Notlüge. Bei Virginia Clinton tritt sie damit nur eine offene Tür ein, der Mutter selbst ist der Übereifer des

Sohnes unheimlich. Bill verhält sich, als stünde er unter ständigem Druck, wirklich alles gut zu machen und das auch noch möglichst schnell. Er vermittelt das Gefühl, ständig unter Strom zu stehen.

»Der frühe Tod von meinem Vater mag der Grund für meine ständige Eile gewesen sein. Ich hatte einfach das Gefühl, daß ich nicht nur für mich, sondern auch noch für ihn leben muß. Ich mußte in meinem Verhalten, in meinen Leistungen einem extrem hohen Anspruch genügen, ich mußte nämlich zwei Ansprüchen genügen – den seinen und den meinen. Den seinen, weil er einfach nicht mehr da war. Je älter ich werde, desto klarer wird mir, daß mich die Erinnerung an ihn in diesen Jahren ganz stark geprägt hat.«

Abgesehen von diesem immensen Geltungsstreben, bleibt Bill Clinton der typisch amerikanische Durchschnittsjunge. Er redet zwar viel, hat etliche Posten inne, aber seine Träume unterscheiden sich nicht von denen seiner Altersgenossen. So will er noch zu Beginn der High-School-Zeit Arzt, Journalist oder Musiker werden. Und er ist ein begeisterter Pfadfinder.

Für einen Jungen aus Arkansas auch nicht besonders verwunderlich ist die Tatsache, daß Bill Clinton äußerst religiös ist. Die protestantische Kirche ist im Süden und im Mittleren Westen der USA sehr stark, fast schon kann man sie allmächtig nennen. Der Begriff vom »bible belt«, vom Bibelgürtel, trifft vor allem für die Heimat Clintons zu. Der Protestantismus, konservativ und patriotisch ausgerichtet, durchdringt nicht nur in Arkansas alle gesellschaftlichen Bereiche. Die Kirche ist dort die moralische Instanz, die über Glauben und Leben wacht. Schilder wie »Jesus loves you« oder »Jesus is coming soon« prägen das Bild einer jeden Kleinstadt in Arkansas. Die Kirche hat – zumindest noch in den fünfziger und sechziger Jahren – die gesellschaftliche Zuständigkeit in den ländlichen Gegenden des Südens. So singt Bill Clinton jeden Sonntag im Kirchenchor der Baptisten. Häufig bleibt es allerdings nur beim swingenden »I have got a joy«. Allerdings macht er sich meist allein auf den Weg zur Immanuel Baptist Church, ohne Begleitung seiner Eltern. Die wollen Sonntags lieber ausschlafen. Für Bill wird die Kirche so zu einem weiteren Ort, weg von den Wirren des Zuhauses.

Kurz vor der Ermordung Kennedys nimmt der siebzehnjährige Clinton an einem Jugendprogramm der American Legion – einer nationalen Veteranenorganisation – teil. Boys' State nennt sich diese Veranstaltung, die man am besten mit einem wohl durchorganisierten Ferienlager vergleicht. Dort sollen Jugendliche den Umgang mit der Demokratie und der Politik lernen. Nicht ganz ohne Hintergedanken, denn vor allem Schüler mit besonders guten Noten sollen auf diese Weise für den öffentlichen Dienst und eine Karriere in der Administration begeistert werden – fast eine Art spielerische Kadersichtung. In jedem Bundesland wird Boys' State annähernd zur selben Zeit durchgeführt. Als abschließender Höhepunkt wird ein Vertreter des jeweiligen Landes gewählt, der den Bundesstaat beim amerikaweiten Boys' Nation Kongreß vertritt. Traditionell findet der Boys' Nation Kongreß in Washington statt. Wen wundert es, daß Bill Clinton 1963 zum Boys' Nation-Delegierten von Arkansas gewählt wird. Mit dieser Wahl und dem Kongreß in Washington verbunden ist ein Besuch im Rosengarten des Weißen Hauses. Bill Clinton trifft dort auf zwei Persönlichkeiten, die seinem Lebensweg eine entscheidende Richtung geben werden. Die noch junge Legende des Bill Clinton nennt dies den Tag X im Leben des heutigen Präsidenten der USA.

Allein schon das Treffen mit dem demokratischen Senator J. William Fulbright, der den jungen Delegierten zum Essen einlädt, hat auf Bill wahrscheinlich schon genug Ein-

40

druck gemacht. Noch weiß er aber nicht, wie wichtig dieser »große alte Mann des Senats«, der als außenpolitischer Berater der amerikanischen Politik in den sechziger und siebziger Jahre seinen Stempel aufdrückte, für ihn und seine spätere Karriere werden sollte. Doch was dann kommt, ist für Bill das Ereignis schlechthin: Er kann seinem Idol, Präsident John F. Kennedy, die Hand schütteln. Rein zufällig wird dieser Händedruck von einer Kamera festgehalten. Das Foto soll später im Wahlkampf von Bill Clinton noch eine herausragende Rolle spielen: Die Wahlkampfmanager bemühen das Bild von der »symbolischen Fackel, die über eine ganze Generation hinweg weitergereicht wurde«.

John Fitzgerald Kennedy, genannt Jack, wird 1960 Präsident der Vereinigten Staaten von Amerika. Bill ist gerade vierzehn Jahre alt. Insbesondere die junge Generation der Vereinigten Staaten schöpft neue Kraft aus dem bahnbrechenden Optimismus Kennedys. Kennedy wird für fast alle zum Symbol eines neuen Amerikas, das aus der Agonie nach dem Krieg, das aus der angstmachenden McCarthy-Ära wie der Phönix aus der Asche emporsteigt. Das Charisma des bis dahin jüngsten Bewohners des Weißen Hauses verfehlt auch seine Wirkung auf Bill Clinton nicht. Mit dem Satz, der seinen festen Willen illustriert, das schier Unmögliche möglich zu machen, »Wir werden noch in diesem Jahrzehnt auf dem Mond landen«, begeistert Kennedy die Massen, trifft damit auch in Bills Herz. Kennedy weiter: »Wir werden noch viel mehr tun, nicht weil es leicht sein wird, sondern – im Gegenteil – weil es schwierig sein wird. Nur so, durch ein solches Ziel können wir das beste aus uns herausholen. Allein weil wir die Herausforderung suchen.« Bill ist fasziniert von diesem Mann, von seiner Ausstrahlung. Man kann die unermeßliche Bedeutung, den der Händedruck 1963 auf den jungen Bill Clinton hat, heute, dreißig Jahre später, kaum nachvollziehen. Ob er an diesem

Tag bereits den Entschluß faßt, Präsident zu werden, wie eine ganze Reihe von Biographen behaupten, ist dabei gar nicht so wichtig. Seine Mutter sagt in einem späteren Interview, daß er von letzterem erst Ende der achtziger Jahre sprach. Das Treffen hinterläßt bei ihm jedoch tiefe Spuren und beeinflußt seinen weiteren Lebensweg.

»Das erste, was er tat, als er zurückkehrte, war, seine Tasche zu öffnen und mir sein Bild vom Handschlag mit Präsident Kennedy zu geben. Etwas stand ihm damals ins Gesicht geschrieben, und ich zweifelte seither nie mehr daran, was er tat«, erinnert sich seine Mutter.

Bills Entschluß, Politik – vor allem aber in Washington – zu studieren, um möglichst nahe an der Wiege der Entscheidungen zu sein, nimmt Formen an. Bill Clinton: »Als die Wahlen im Jahr 1960 begannen, beschloß ich Demokrat zu werden. Mit seiner Botschaft ein darniederliegendes Land wieder in Fahrt zu bringen, hat mich John F. Kennedy voll in seinen Bann gezogen. Kennedy hatte die Aura, den Leuten wieder den Glauben an einen Wandel zu geben. Und er schaffte es, die Leute davon zu überzeugen, ohne jemals zu verhehlen, daß es nicht immer gelingen werde, alle Probleme zu lösen. Aber er pflanzte in uns den tiefen Glauben, daß das morgen besser wird als das heute. Und er überzeugte mich davon, daß sowohl er als auch Lyndon Johnson beim Bürgerrechtsproblem aktiv werden, besonders im Süden der USA, in meinem eigenen Land.«

Die High-School Zeit neigt sich dem Ende zu. Die Entscheidung steht an, an welches College man gehen soll. Fieberhaft werden Bewerbungen geschrieben, oft ganze Packen. Bill läßt sich von der Hektik seiner Mitschüler nicht anstecken. Er weiß, was er will. Er möchte etwas über Außenpolitik erfahren, die politischen Instrumente kennenlernen und eben in der Hauptstadt wohnen. Er sucht seinen Betreuungslehrer auf und schildert ihm die Lage.

Zu neuen Ufern – Nach der High-School erobert
Bill die Hauptstadt Washington. (pandis media/Sygma)

»Bill, es gibt für Dich nur ein College, an das Du gehen solltest: Nur Georgetown kommt für Dich in Frage.«

Die von Jesuitenpatern gegründete Universität Georgetown in Washington hat den Ruf einer Eliteuniversität.

Obendrein hat sie sich vor allem im Fachbereich »foreign affairs«, der Außenpolitik, einen Namen gemacht. Bill zögert nicht lange und bewirbt sich in Georgetown – und nur dort. Sollte das nicht klappen, bleibt er in Arkansas, entscheidet Bill, Fayetteville ist ja auch nicht schlecht. Und sollten sie ihn in Georgetown nicht annehmen, seien die selbst Schuld, spricht das untrügliche Selbstbewußtsein aus dem Jungen von Hot Springs. Beim ersten Vorstellungsgespräch sieht ihn der ältere Jesuitenpater aber etwas ungläubig an: Was habe denn ein »Southern Baptist«, der nicht einmal eine lebende Fremdsprache spreche, an der Mutter aller Jesuitenschulen zu suchen, scheint er ihn zu fragen. Doch nach einer kurzen Unterredung erhält Bill die Zulassung für das Washingtoner College. Die Entscheidung der Georgetowner Unileitung fällt nicht aus heiterem Himmel: Immerhin ist Bill der viertbeste seines Jahrgangs in Arkansas, und zudem werden die Collegeleitungen angewiesen, Leuten aus ländlichen Gegenden den Vorzug zu geben.

Außerdem ist er durch seinen hervorragenden Abschluß auch noch Mitglied in der National Honor Society, einer Elitevereinigung der besten Schüler der Vereinigten Staaten, geworden – was einem Entrée in allen Eliteuniversitäten der Vereinigten Staaten gleichkommt, Georgetown eingeschlossen. So ist die Legendenbildung der späteren Wahlkampfmanager, in diesem Fall wohl besser der Wahlkampfpoeten, daß die einzige Bewerbung Bill Clintons für Georgetown ein Zeichen seiner Entschlossenheit ist, nur das Beste vom Besten anzustreben, ein klein wenig verwegen.

Doch Bill freut sich über die Zusage, springt und hüpft durch das Haus in der Scully Street. Fortwährend hält er seiner Mutter den Schrieb unter die Nase: »Ich geh' nach Washington, ich geh' nach Washington.« Seine Mutter kann ihr Schmunzeln kaum verbergen. Bill ist seinem Ziel, vielleicht irgendwann einmal im Auswärtigen Dienst zu arbeiten, irgendwann einmal Diplomat zu werden, einen Schritt näher gekommen. Jahre später schreibt er im Magazin der Georgetown Universität: »Als ich siebzehn Jahre alt war, wünschte ich mir einmal das zu tun, was ich heute mache. Ich wußte damals bereits, daß ich aber nur in einer Schule in Washington nah am Geschehen sein konnte. Denn nur dort würde ich eine Menge Gelegenheiten bekommen, alles über Außen-, Innen- und Wirtschaftspolitik zu erfahren. Und das war mein Ziel.«

Der Weg nach oben und zurück

Von Georgetown, Oxford, Yale und Arkansas

Im September 1964 erklimmt Bill Clinton die obersten Stufen eines Greyhound-Busses. Mit seiner kleinen, abgewetzten Reisetasche findet er schnell Platz. Er rückt ans Fenster, die Tasche immer noch fest umklammert auf seinem Schoß stehend, und blickt durch die leicht getönten Scheiben auf den kahlen Busbahnhof von Hot Springs. Seine Mutter und sein Bruder stehen an der Bahnsteigkante. Beide blicken zu ihm nach oben, winken, lachen und machen aufmunternde Zeichen. Bill grinst zurück, mit dem breitesten Grinsen, das ihm zur Verfügung steht. Seine tiefrote Gesichtsfarbe zeigt jedoch, daß er ausgesprochen nervös ist. Die Türen schließen sich automatisch. Der Bus setzt sich in Bewegung. Der Junge aus Arkansas macht sich auf in die Hauptstadt der Vereinigten Staaten von Amerika. Auf nach Washington. Auf in die große Welt.

Sein Ehrgeiz und seine Intelligenz haben ihn eine Sprosse auf seiner Karriereleiter nach oben klettern lassen. Georgetown ist nur der nächste Schritt. »International studies« heißt das Fach, in dem er seinen Abschluß machen möchte, was am besten mit einem Teil des politikwissenschaftlichen Studiums in Deutschland verglichen werden kann: der Lehre von der Internationalen Politik.

Als Bill Clinton zum ersten Mal nach Washington zieht, ist die Adresse noch nicht so fein wie am 20. Januar 1993. Ein kleines, etwas heruntergekommenes, aber dafür billiges Häuschen an der Potomac Avenue, mit der Nummer 4513, ist für die nächsten Jahre sein Zuhause. Zusammen mit vier Kommilitonen teilt er sich die wenigen Quadratmeter seines neuen Domizils.

Bill schließt dort an, wo er in Hot Springs aufgehört hat. Kaum, daß er das Kapitol gesehen hat, kandidiert er für das Amt des Jahrgangssprechers: »Entschuldige bitte, ich bin Bill Clinton, ich kandidiere für…«. Ans Siegen gewohnt, bereitet ihm der ›Wahlkampf‹ keine Probleme, und mit weit mehr als der Hälfte der Stimmen wird er das Sprachrohr der »Freshmen«, der Erstsemester in Georgetown.

Bills Aktionsradius bleibt nicht auf den Campus beschränkt. In den ersten Ferien im Jahr 1965 unterstützt er den Demokraten Frank Holt in seinem Wahlkampf um das Amt des Gouverneurs von Arkansas. Einerseits bringt ihm das Geld ein, das er in Washington dringend benötigt, andererseits bedeutet es für ihn, daß er zum ersten Mal direkt in Kontakt mit der Politik seines Heimatstaats gerät. Und noch einen weiteren Nutzen hat diese Wahlkampfhilfe: Der Neffe von Frank Holt gibt ihm den Tip, sich doch einen Job in Senator J. William Fulbrights Büro in Washington zu suchen – einem äußerst liberalen Demokraten, der als Kritiker des Vietnamkrieges einer der umstrittensten amerikanischen Politiker Ende der sechziger und Anfang der siebziger Jahre werden sollte. Der Neffe von Holt gibt Clinton die Telefonnummer des Büroleiters von Senator Fulbright. Clinton ruft an, stellt sich kurz vor, bezieht sich auf den Neffen und fragt nach einem Job.

»Wollen Sie einen halben Job mit 3500 Dollar im Jahr oder einen ganzen für 5000 Dollar?« lautet die Frage am anderen Ende der Leitung.

Bill zögert nicht lange und gibt trocken zurück: »Okay, dann nehme ich zwei halbe Jobs.«

Genau so jemanden hat der Büroleiter gesucht. Fortan kann sich Bill ein paar Dollar in einer untergeordneten Stellung im Senatsausschuß für Auslandsbeziehungen hinzuverdienen. Und er ist – was ihm weitaus wichtiger ist – am Puls der Zeit. Er erlebt Politik.

Auf dem Campus ist er schon nach kurzer Zeit als »der Politomane« bekannt wie ein bunter Hund. Zumal Studentenpolitik Anfang der sechziger Jahre in der doch recht konservativen Universität von Georgetown keinen allzu hohen Stellenwert hat. Es gilt als chic, von einem Golftermin zum anderen zu hetzen oder auf den Empfängen der Botschaften herumzuhängen. Doch diese Einstellung soll sich alsbald ändern.

1965 tritt Lyndon B. Johnson als 36. Präsident der USA sein Amt an. Sein Amtsantritt ist zugleich auch der Beginn der US-Luftangriffe auf Nordvietnam. Johnson erklärt sie als Vergeltung für Angriffe auf Kriegsschiffe der USA. Im Verlauf des Krieges sollen mehr Bomben auf den südostasiatischen Staat fallen, als im gesamten Zweiten Weltkrieg über Deutschland je abgeworfen wurden. Erster Bürgerprotest gegen das US-Engagement in Vietnam wird laut. Demonstrationen gegen den Bombenhagel finden in den großen Städten statt. Auch innenpolitisch kommen die Vereinigten Staaten nicht zur Ruhe. Der radikale, schwarze Bürgerrechtler Malcolm Little, besser bekannt als Malcolm X, wird ermordet. In Los Angeles brechen Unruhen aus, vor allem unter der schwarzen Bevölkerung. Die Nationalgarde rückt an. Vierunddreißig Menschen müssen sterben und über achthundert werden schwer verletzt.

Genügend Diskussionsstoff für die fünf Studenten in der Potomac Avenue. Allabendlich reden sie sich nach dem gemeinsamen Dinner die Köpfe heiß. Die Debatten sind nicht gerade linksradikal, aber dafür umso heftiger und engagierter. Kit Ashby und Bill Clinton sind die Gegenpole. Die Ansichten der beiden sind stark von ihren Arbeitgebern geprägt. In der Freizeit arbeiten ja sowohl Ashby als auch Clinton für einen demokratischen Senator: Ashby für den »Falken« Scoop Jackson, der ein vehementer Fürsprecher des militärischen Engagements in Vietnam ist, und Clinton

Der Wahlkampf ist sein Hobby – Clinton stellt sich
der Diskussion. (dpa/epa)

für seinen Heimatsenator Fulbright, der ebenso vehement
gegen den Einsatz des US-Militärs in Südostasien eintritt.
Kit Ashby berichtet später in der Zeitung »Washington
Post«: »Unsere Diskussionen waren nie dogmatisch oder
rein philosophischer Natur. Bill war zwar von uns allen der
entschiedenste Gegner dieses Krieges, aber er war nie hy-
sterisch. Bill hat nicht auf der Straße demonstriert. Ich glaube auch nicht, daß er je dachte, die Leute, die dort kämpften,

wären irgendwie unmoralisch oder gar Kindermörder. Bei unseren Streitgesprächen drehte es sich nie darum, ob Krieg an sich gut oder schlecht ist. Bill hat vielmehr den Standpunkt verteten, daß dieser Krieg das Risiko nicht wert war, das die USA damit eingingen.«

Das Studium hingegen bereitet Bill keine großen Schwierigkeiten, er saugt alles Wissenswerte, selbst kleine Details, in sich auf. Sein Engagement in der Studentenpolitik nimmt daran aber keinen Schaden. Auch in den nächsten Jahrgangsstufen bleibt er studentischer Sprecher und er tritt noch der Studentenvereinigung »Alpha Phi Omega« bei, die es sich zur Aufgabe gemacht hat, Studentenpolitik intensiv zu fördern. Clinton bleibt auch auf dem College der junge Mann in Eile, der »Young Man in a Hurry«, wie später der amerikanische Sachbuchautor Jim Moore sein Buch über den Gouverneur von Arkansas betitelt. Im März 1967 will Clinton noch eins drauflegen. Er will Vorsitzender der Studentenvertretung – des Councils –, werden. Wochenlang besucht er alle Veranstaltungen auf dem Campus, steht bei den großen Vorlesungen vor der Tür und drückt jedem, der den Saal verläßt, Handzettel mit seinem Programm in die Hand, spricht in der Mensa mit potentiellen Wählern, votiert lautstark für billigeres Mensaessen und klebt sein Konterfei auf die wenigen freien Pinnwände der Eliteuni. Clintons erster Wahlkampf, Clintons erste Niederlage. All seine Anstrengungen nützten ihm nichts, er kann den alten Studentensprecher nicht aus dem Amt drängen. Bill läßt sich jedoch nicht entmutigen.

So ganz unrecht kommt ihm die Niederlage ohnehin nicht. Er braucht seine Kraft für die Familie. Sein Stiefvater ist schwer an Krebs erkrankt und wird in die Duke Universitätsklinik in North Carolina, 250 Meilen von Washington entfernt, eingeliefert. Bills Mutter ist mit ihren Nerven völlig am Ende. Als er nach Hause fährt, um sie zu trösten,

A Young Man in a Hurry – Training für den langen Atem auf
dem Heldenfriedhof von Arlington. (dpa)

denkt er zum ersten Mal seit langer Zeit über seinen Vater und über sich selbst nach. Jahrelang hat er die Probleme mit ihm verdrängt, ist er vor der innerlichen Auseinandersetzung geflohen. Bill fällt es in den kurzen Tagen zu Hause wie Schuppen von den Augen: Er will mit seinem Stiefvater Frieden schließen. Er glaubt, die Wurzeln, die eigentlichen Beweggründe für die Alkoholabhängigkeit seines Stiefvaters erkannt zu haben. Langsam beginnt er, ihn zu verstehen. Er entdeckt die Sympathie und Liebe zu seinem Vater wieder. Und es ist für ihn ungeheuer wichtig, dieses Gefühl zu leben. Über mehrere Wochen fährt er jeden Samstag zu seinem Vater ins Krankenhaus: »Er spürte, daß ich wegen ihm kam, daß ich ihn liebte. Die Differenzen zwischen uns waren ausgeräumt. Es gab nichts mehr, um das man kämpfen konnte. Und es gab auch nichts mehr, vor dem man davonlaufen konnte. Diese Wochen damals waren eine sehr gute Zeit in meinem Leben. Und ich denke auch in seinem.«

Sein Stiefvater stirbt noch 1967 an Krebs. Bills Beschäftigung mit der Krankheit Alkoholismus hilft ihm nicht nur, mit seinem Stiefvater Frieden zu schließen, er sagt vielmehr dem Alkohol den Kampf an. Während er sich auf die Abschlußprüfungen und auf das Rhodes Scholarship vorbereitet, geht er sogar als freiwilliger Helfer in eine Klinik für Alkoholabhängige.

Im letzten Jahr an der Georgetown Universität überschlagen sich die Ereignisse. Der Vietkong startet die Tet-Offensive. Zeitweise besetzen Einheiten des Vietkong Teile Saigons und die Küstenstadt Hué. Der Krieg eskaliert. Die USA erhöhen ihre Truppenstärke in Vietnam um 10.500 Mann auf 510.500 Soldaten. 1968 fallen fast 15.000 Angehörige der US-Truppen in Südostasien. Seit 1962 sind es damit schon 30.000 GIs, die ihr Leben für die Großmachtpolitik der USA lassen mußten. Bill allerdings hat immer noch keinen Einberufungsbescheid erhalten, noch fehlt ihm die Musterung. Er wird von den Ereignissen in Vietnam nur indirekt berührt. Tagelang steht er vor dem Ticker in Fulbrights Büro, reißt ellenlange Papiere ab, die vom Verteidigungsministerium per Telex geschickt werden. Es sind die Listen der Gefallen und Schwerverletzten. Mit Leuchtstift markiert er die Namen der jungen Soldaten aus Arkansas: Der Senator will den Familien der Opfer einen Brief schreiben.

US-Präsident Johnson gibt schließlich einen Bombardierungsstop nördlich des 20. Breitengrades bekannt und noch im gleichen Atemzug verzichtet er auf eine neue Kandidatur. Allgemein gilt dieser Tag als Wende in der amerikanischen Vietnampolitik, doch die Friedensgespräche zwischen Nordvietnam und den USA kommen nicht in Gang. Hoffnungsträger ist der demokratische Präsidentschaftskandidat und Bruder von John F. Kennedy, Robert Kennedy. Und Hoffnung gibt auch Martin Luther King, dessen Rede, »I have a dream«, Clinton in Teilen auswendig rezitieren kann. Hoffnung auf einen inneren Frieden der USA, Hoffnung auf die Aussöhnung zwischen Schwarz und Weiß. Doch die Hoffnungen ersterben im Kugelhagel der Attentäter. Martin Luther King, nicht nur für Clinton der Held und das Gewissen, der Mann, der den Dialog hätte zustande bringen können, ein Mann des Friedens, Träger des Friedensnobelpreises, wird am 5. April 1968 in Memphis ermordet. Die Zukunft der Nation, das Miteinander der Rassen, die Fortschritte in den Bürgerrechtsfragen stehen von einem Tag auf den anderen auf dem Spiel. In Washington kommt es zu heftigen Unruhen. Brennende Autos und das Flackern entzündeter Straßensperren tauchen die Hauptstadt in dieser Nacht in einen gespenstischen hellen Schein. Ganze Straßenstriche gehen in Flammen auf. Schüsse peitschen durch die Nacht.

Im Haus in der Potomac Avenue bricht eine Welt zusammen. Clinton und seine Freunde schämen sich, Weiße zu sein. Sie wollen nicht hilflos herumsitzen. Sie wollen die Tage nicht untätig in ihrem Haus verbringen. Clinton stellt dem Roten Kreuz seinen Wagen zur Verfügung, und gemeinsam mit seinen Freunden holt er Verletzte aus den brennenden Vierteln.

Der Schock des Attentats und der Unruhen steckt noch in den Kochen einer ganzen Nation, als in Los Angeles am 6. Juni 1968 Robert Kennedy ermordert wird – kurz nachdem er seine Siegesrede bei den Vorwahlen von Kalifornien gehalten hat: »Wir brauchen keine Teilung. Was wir in den Staaten brauchen, ist auch kein Haß. Was wir in den Staaten brauchen, ist auch keine Gewalt oder Gesetzeslosigkeit. Wir benötigen Liebe und Weisheit und Verständnis füreinander. Wir benötigen das Gefühl für Gerechtigkeit, vor allem denen gegenüber, die in diesem Land leiden, unterprivilegiert sind, ganz egal, ob sie nun schwarz oder weiß sind.«

Die beiden Morde lassen die liberale Grundstimmung in den Vereinigten Staaten schwinden. Revanchisten tauchen aus ihren Löchern auf. Der Rassenhaß nimmt von Tag zu Tag zu. In Arkansas kandidieren für den Senatoren- und Gouverneursposten Mitglieder einiger rassistischer Vereinigungen. Bill ist völlig schockiert und läuft schon fast entschuldigend über den Campus: »Es beschämt mich, daß ich ebenfalls aus Arkansas stamme.«

Tim Moore, einer der Freunde Bills und sein damaliger Mitbewohner, erinnert sich an diese Zeit: »Als wir 1964 nach Georgetown kamen, glaubten wir, es gäbe nichts auf der Welt, was wir nicht schaffen könnten. Aber am Ende, mit all diesen Tragödien und angesichts der inneren Zerrissenheit unseres Landes, hatten wir alle irgendwie aufgegeben – mit einer Ausnahme: Bill Clinton. Und das war typisch für ihn.«

Noch im selben Jahr schließt Bill Clinton sein Studium mit dem niedrigsten akademischen Grad, dem »bachelor of arts«, ab. Die Wohngemeinschaft aus der Potomac Avenue wird auseinandergerissen. Moore, Ashby und ein dritter Mitbewohner verlassen Georgetown in Richtung Vietnam, der vierte ist untauglich, und Clinton selbst ist immer noch nicht gemustert worden. Zu seinem Glück – denn so kann er sich als Stipendiat der exklusiven Rhodes-Stiftung bewerben.

Tausende von Studenten versuchen dasselbe, doch nur eine Handvoll erhalten jedes Jahr die begehrte Fahrkarte nach England zum Studium in Oxford. Er glaubt nicht so recht daran, daß er es schaffen könnte, daß die Verantwortlichen der Rhodes-Stiftung ausgerechnet auf ihn warteten. Und wenn er bei seinen Studien stehengeblieben ist, streift er unruhig und völlig frustriert durch das Haus: »Ich hab' niemals eine Chance.« Immer wieder von neuem müssen ihn seine Freunde aufbauen, ihm Mut zusprechen. Der Tag der Prüfungen rückt unaufschiebbar näher. Seine Mutter schickt ihm einen Original-Londoner-Regenmantel. Ein Brief liegt dem säuberlich verschnürten Päckchen bei: Der Mantel solle ihn schon mal äußerlich auf die Reise nach England einstimmen, hofft seine Mutter. Die Menschen, die ihm wichtig sind, glauben an ihn. Bill faßt wieder neuen Mut. Einen Tag vor der Prüfung fliegt Bill nach New Orleans. Und wie es der Zufall will, findet er vor dem Abflug ein »Time Magazine«. Die Titelgeschichte: die erste Herztransplantation. Die erste Prüfungshürde, die er in New Orleans nehmen muß, ist ein Gespräch über ein aktuelles politisches oder gesellschaftliches Thema mit den Mitgliedern des Prüfungsausschusses. Das Thema: die erste Herztransplantation. Bills sprichwörtliches Glück. Das Eis ist gebrochen, die Nervosität gewichen. Bill Clinton besteht die Prüfungen in New Orleans und wird Rhodes Stipendiat – der zweite Stipendiat den Georgetown je hervorgebracht hat.

Sicherlich hat ihm auch die Mitarbeit bei Senator Fulbright, der selbst Stipendiat gewesen war, genutzt, aber das kümmert Bill nicht. Denn er ist ja nicht aufgrund von Beziehungen zu dem großen Mann im Senat gekommen, sondern, weil er dort um einen Job nachgefragt und ihn bekommen hat: »Sie gaben mir den Job, obwohl ich ein niemand war, ein niemand von nirgendwo. Meine Familie hatte kein Geld, keinen politischen Einfluß – Nichts.« – Die Geschichte des amerikanischen Traums vom Selfmademan. Der 87jährige Ex-Senator Fulbright beurteilt Bill Clinton später so: »Bill Clinton ist ein sehr fähiger Mann – besser als das, was wir als Präsidenten gewohnt sind. Er ist sehr intelligent, jung, tatkräftig, hat eine reizende Gattin und sollte ein Erfolg sein. Das amerikanische Volk hat großes Glück, einen Mann seiner Qualitäten in dieser Position zu haben. Meiner Prognose zufolge wird er sehr gute Arbeit leisten.«

Mit dem Stolz der zivilen amerikanischen Schiffahrt, dem Passagierschiff »S.S. United Staates«, reisen die Rhodes-Stipendiaten traditionell nach England. Clinton will in Oxford Politik, Philosophie und Wirtschaftswissenschaften studieren. Eigentlich hat er allen Grund, hoffnungsvoll in die Zukunft zu blicken. Doch ein großes Problem bleibt und wirft lange Schatten auf den Aufenthalt in England: Jeden Augenblick kann er nach Vietnam einberufen werden. Jeden Augenblick kann er in einen Krieg ziehen müssen, dessen Sinn er – wie so viele seiner Altersgenossen – nicht einsieht.

Dennoch, er macht das Beste daraus. Er lernt ein fremdes Land kennen, er kann reisen und durch das Stipendium ist er zum ersten Mal in seinem Leben frei von wirtschaftlichen Sorgen. Mit seinem breiten amerikanischen Grinsen, der etwas nachlässigen Sprache und mit dem Händedruck eines Naturburschen aus Arkansas ist er der volle Kontrast zu seinen englischen Mitstudenten.

»Der Aufenthalt in England bedeutete für mich ungemein viel. Ich hatte endlich die Möglichkeit und die Zeit herumzureisen. Ich hatte genügend Zeit zu lernen, mich umzusehen. Über dreihundert Bücher hab ich in dieser Zeit gelesen. Für mich, der ich ja sonst jede Sekunde verplane, war das eine tolle Erfahrung, zwei Jahre zu haben, in denen man nicht unter irgendeinem Druck stand.«

Per Autostop reist Clinton quer durch das angelsächsische Gastland. Häufig ist er in London zu Besuch. Bei anderen amerikanischen Studenten findet er immer Quartier, denn ein paar Quadratmeter nackter Boden sind meistens frei. Sämtliche chinesischen und indischen Lokale werden von dem Pulk Amis heimgesucht. Die englische Essenskultur steht bei den jungen Männern aus den Staaten nicht gerade hoch im Kurs, obwohl sie von zu Hause nicht sonderlich verwöhnt sein dürften. Während der Semesterferien erhält Bill durch ein Austauschprogramm sogar die Gelegenheit, die Sowjetunion zu besuchen. Reisen nach Deutschland, in die Tschechoslowakei und nach Österreich stehen auf dem Programm. Und er macht sich auf die Spuren von Robert Jordan und Pilar – den Hauptromanfiguren aus »Wem die Stunde schlägt«. Clinton will in Spanien zumindest einen Hauch der Abenteuer Hemingways erhaschen. Ernüchtert stellt er fest, daß der Spanische Bürgerkrieg doch sehr viel komplexer war, als er zunächst angenommen hatte. Für Bill Clinton sind die Jahre in Oxford »eine intellektuelle Odysee«.

Die Moskau-Reise und der kurze Aufenthalt in Prag sollen ihm später jedoch den Wahlkampf erschweren. Das US-Außenministerium schnüffelt in illegaler Weise in seinen Staatsbürgerschaftsurkunden und Paßdossiers herum, auf der Suche nach belastendem Material: Wollte Clinton damals auf die amerikanische Staatsbürgerschaft verzichten, um dem Vietnamkrieg zu entgehen? Wurde der Mann aus Arkansas vom Moskauer Kreml als Spion angeheuert? Bis auf die Tatsache, daß der Mann der Hauswirtin in Prag, bei der die Studenten zwei Tage übernachteten, Mitglied der kommunistischen Partei war, können die Staatsschnüffler jedoch nichts feststellen. Die Vorwürfe sind nicht haltbar, aber ein Beispiel für die Härte und Unfairness, mit der der Wahlkampf um das Präsidentenamt 1992 geführt wurde. – Doch zurück in die Vergangenheit.

In Oxford bestimmen die Ereignisse in den Vereinigten Staaten und in Südostasien den Tagesablauf. In fast allen Seminaren wird über den Krieg in Vietnam geredet und über die Neuorientierung der USA. Zu Hause dauern die Diskussionen der Studenten oft bis spät in die Nacht an. Endlos wird debattiert, aber es wird auch gehandelt. Clinton organisiert mit seinen Freunden in London den Protest der internationalen Studenten gegen Vietnam. Dabei erhalten sie prominente Unterstützung: Paul Newman und Joanne Woodward demonstrieren zusammen mit ihnen vor der amerikanischen Botschaft in London.

Sein eigenes Verhalten läßt Clinton jedoch nicht zur Ruhe kommen. Strobe Talbott, damals ebenfalls Rhodes-Stipendiat in Oxford und heute Redakteur des »Time-Magazine«, schreibt dazu im März 1992: »Clinton war sich zunehmend unsicher darüber, ob der Weg, den er eingeschlagen hatte, der richtige war, während andere, weniger privilegierte Altersgenossen an seiner Stelle in den Krieg ziehen und gegen den Vietkong kämpfen mußten.«

Clinton suchte nach einem Ausweg. Bei der Musterung in London, wird er jedoch als »uneingeschränkt tauglich« eingestuft. Bill steckt in einem dauernden Zwiespalt. Einerseits lehnt er den Vietnamkrieg ab, andererseits will er

Der Ehrgeiz treibt ihn voran – »Shooting Star« Clinton zeigt
wo's lang geht. (dpa)

aber auch nicht durch eine Wehrdienstverweigerung seine
Karriere gefährden. Für die erste Zeit seines Studiums kann
er sich vom Wehrdienst zurückstellen lassen. Doch das gilt
nur fürs erste Jahr. Er versteht es aber recht geschickt, sich
auch für ein weiteres Jahr um den Wehrdienst und damit
um eine mögliche Teilnahme am Vietnamkrieg herumzu-
drücken. Noch aus Oxford meldet er sich bei den Reser-
veoffizieren, den Reserve Officers Training Corps (ROTC),
in Arkansas: Im Sommer 1969 kehrt er kurz nach Arkansas

zurück und wird schließlich in das ROTC-Programm der juristischen Fakultät an der Universität von Arkansas aufgenommen. Das ROTC ist nichts anderes als die Verpflichtung eines Studenten, während seines Studiums die militärische Grundausbildung zu durchlaufen, um nach dem Studienabschluß als Offizier zur Verfügung zu stehen. Von den Studenten wird das »Reserve Officers' Training Corps« nur respektlos »Rotzi« genannt. Für Bill Clinton bedeutet dies aber in erster Linie Zeitgewinn. Denn er hat die Möglichkeit erhalten, ein weiteres Jahr in Oxford anzuhängen, und diese Möglichkeit will er unbedingt wahrnehmen. Er kann also gar nicht in Fayetteville studieren – was er auch nie im Sinn hatte. Er umgeht somit nur den studentischen Grundwehrdienst. Clinton wird nie am ROTC-Programm teilnehmen. Ein taktisch gelungener, aber nicht ganz feiner Zug. Im Herbst 1969 reist er wieder nach Oxford. Ein paar Wochen darauf bedankt er sich in einem ersten Brief beim Leiter des ROTC-Programms in Arkansas, Eugene Holmes, für die »Rettung vor der Einberufung«. Dann erklärt er Holmes jedoch, daß er die Verpflichtung, an den obligatorischen Trainings-Camps teilzunehmen, nicht einhalten könne. Er sei in Oxford, und das sei ihm entschieden zu weit.

Dieses Falschspiel setzt Clinton allerdings sehr zu. Er will Holmes Entgegenkommen eigentlich nicht ausnutzen, was er aber in der Tat macht. Nach zähem, wochenlangem, innerem Kampf setzt er sich an seinen Schreibtisch und schreibt dem ROTC-Leiter einen neuen Brief: »Ich arbeite im Senatssauschuß für Auslandsbeziehungen wegen der Erfahrung und wegen des Geldes, aber auch, um gegen einen Krieg zu arbeiten, den ich ablehne, den ich verachte, wie sonst nur den Rassismus in den USA. Ich habe gegen den Krieg geschrieben, gesprochen und demonstriert. Aufgrund der Opposition gegen die Wehrpflicht und den Krieg

60

liegen mir all jene am Herzen, die nicht bereit sind, für ihr Land zu kämpfen, zu töten und vielleicht zu sterben. Die Entscheidung kein Wehrdienstverweigerer zu werden, und die sich daraus ergebenden weiteren Entscheidungen waren die schwersten in meinem Leben. Aus einem einzigen Grund beschloß ich, die Einberufung trotz meiner Überzeugungen zu akzeptieren: um meine politische Lebensfähigkeit innerhalb des Systems zu erhalten.«

Der möglichen Einberufung ist er aber dennoch durch sein geschicktes Taktieren durch die Maschen geschlüpft – auf Kosten von Eugene Holmes. Bei dem Colonel entschuldigt er sich für die Lügen. Und dieser hätte sich wahrscheinlich auch anders verhalten, wenn er die Geisteshaltung von Bill Clinton gekannt hätte. Die Selbstzweifel führen schließlich zu einer Entscheidung: Clinton steigt aus dem ROTC-Programm aus. Mit -zig anderen jungen Männer aus Arkansas landet sein Name in der großen Lostrommel. Jeder, der im wehrpflichtigen Alter ist, zieht eine Nummer. Und je niedriger die Nummer, desto größer ist die Chance nach Vietnam in den Dschungelkrieg geschickt zu werden. Clinton zieht die Nummer 311. Die Zahl ist zu hoch, um nach Saigon gehen zu müssen. Er hat wieder einmal Glück. Die Gefahr, in einem seiner Ansicht nach unsinnigen Krieg zu sterben, ist gebannt.

Später soll ihm dieses Taktieren beim Präsidentschaftswahlkampf als Vaterlandsverweigerung ausgelegt werden. Der Vorwurf, ein Drückeberger zu sein, der sich den »vaterländischen Pflichten feige verweigert und entzogen« habe, wird ihm Stimmen, aber nicht den Kopf kosten. Die Vorwürfe der Politgegner reichen sogar so weit, daß man ihn beschuldigt, er habe im Ausland gegen amerikanische Interessen verstoßen, als er gegen den Krieg demonstriert. Der Ex-General James Stockwell, der designierte Vize des Milliardärs Ross Perot, bezichtigte ihn sogar, daß Blut an seinen Händen klebe. Denn er gehöre zu denjenigen, die gegen den Krieg protestiert hätten. Die seien es nämlich gewesen, die der kämpfenden Truppe den Rückhalt entzogen und letztlich die Katastrophe provoziert hätten.

Im letzten Oxford-Jahr bekommt er ein Stipendium an der Yale Law School, für das er sich von England aus beworben hat. Bill Clinton schlägt daraufhin ein drittes Jahr in Oxford aus und beginnt sein Studium an der juristischen Fakultät der Yale-University – einer der wenigen Eliteuniversitäten in den USA. Sein Ziel ist das juristische Examen:

»Es gab für mich von jetzt ab nur zwei Alternativen, entweder ich werde gezogen oder ich gehe nach Yale.«

Den innerlichen Kampf in den beiden Oxford-Jahren wird Clinton in einem späteren Interview so sehen:

»Mein Gefühl, dieser Krieg ist sinnlos, war für mich zuerst sehr schmerzhaft, weil ich nie wirklich gegen den Krieg als solches war, zumindest nicht in dem Sinn, wie es andere Menschen sehen.«

Die Zeit in Oxford ließ Bill Clinton reifen. Er lernte ein anderes Leben, andere Länder, andere Kulturen kennen. Er bekam neue Anregungen, Sicht- und Denkweisen. Und für einen Jungen aus Arkansas erhielt er geradezu kosmopolitische Einsichten. Er mußte sich aber auch mit sich selbst, mit seinen persönlichen Maßstäben und seiner eigenen Unzulänglichkeit auseinandersetzen.

Clintons Karriere setzt sich an der Eliteuniversität in Yale nahtlos fort. Mit Auszeichnung besteht er das juristische Examen. Ihm stehen die Türen der angesehensten Anwaltskanzleien in den USA offen. Doch Bill Clinton entscheidet sich anders: Er geht zurück nach Arkansas und nimmt eine Stelle als Dozent an der juristischen Fakultät in Fayetteville an. Ein Rückschritt auf seiner Karriereleiter?

Die Kleine mit den Cola-Flaschen-Augen

Von dicken Gläsern und dicken Freunden

Chicago – die zweitgrößte Stadt der Vereinigten Staaten, im Mittleren Westen am Michigansee gelegen. Von den einen wird sie als Traumstadt gepriesen, von den anderen als Sündenpfuhl verdammt. Nelson Algren, der amerikanische Schriftsteller, der über die polnischen Elendsviertel in Chicago Romane schrieb, sieht die Stadt der Janusköpfigkeit so: »Chicago zeigt stets und ständig zwei Gesichter, eines für Sieger und eines für Verlierer, eines für Schlitzohren und eines für Spießer. Ein Gesicht für Großzügige und eines für Egoisten.« Chicago – die Stadt, in der der Wolkenkratzer erfunden wurde; die Stadt mit dem größten Flughafen der Welt; die Stadt des Blues; die Stadt, in der 1947 Al Capone starb – und die Stadt, in der im selben Jahr, am 26. Oktober, Hillary Rodham geboren wird.

Hillary ist die Tochter der Hausfrau Dorothy und des Textilkaufmanns Hugh Rodham, einem sehr ungestümen, barschen Mann, der erst 1945 aus dem Krieg zurückgekehrt war. Dorothy erzieht ihre Tochter zu einem selbständigen Menschen:

»Ich war wild entschlossen, meine Tochter so aufwachsen zu lassen, daß sie niemals Angst haben würde, zu sagen, was sie denkt.« Hillary gehört so der ersten Generation von Frauen an, deren Mütter noch schwiegen, die aber ihre Töchter in dem Glauben aufwachsen ließen, daß sie ihr Leben allein in die Hand nehmen können.

»Meine Mutter war nicht auf dem College, deshalb war sie besonders darauf erpicht, daß ihre Kinder studierten«, stellt Hillary später fest.

Dorothy Rodham brach kurz vor Ende des Krieges ihre Collegeausbildung ab, weil sie ihren Mann heiratete und Kinder bekommen wollte. Eine für die damalige Zeit unspektakuläre Entscheidung, denn es war klar, daß der Mann für die Familie sorgen würde. Ein Studium wäre deshalb herausgeschmissenes Geld.

Kurz nach der Geburt Hillarys kauft sich Vater Hugh in einer kleinen Textilfabrik ein. Hillarys erster Bruder, der nach seinem Vater Hugh genannt wird, kommt auf die Welt, ein weiterer Bruder, Tony, erblickt bereits in Park Ridge das Licht derselben. Denn als Hillary vier Jahre alt ist, ziehen die Rodhams aus dem lärmenden Chicago in die nordwestlich gelegene Vorstadt Park Ridge.

Park Ridge ist ein nur von Weißen bewohnter typisch amerikanischer Großstadtsatellit. Die Häuser und die Gärten sind gepflegt, die Bewohner traditionell spießig-republikanisch. Ein urkonservatives Idyll, mit einem hohen kommunalen Steuersatz. Eigentlich steht dies der Einstellung Hugh Rodhams diametral gegenüber: Er ist Kaufmann und versucht, Geld zu sparen, wo es nur geht. Hohe Steuern entsprechen nicht gerade seinem Ideal. Doch hohe kommunale Steuern stehen zur damaligen Zeit auch für eine qualitativ gute Schulbildung, denn die öffentlichen Schulen wurden und werden auch heute noch aus den Etats von Kommunen und dem jeweiligen Bundesstaat bezahlt. Die Eltern sind sich einig, daß nur eine gute Schulausbildung den Kindern den Weg in die Selbständigkeit ebnet. Und so macht die Entscheidung für Park Ridge auch sehr wohl Sinn. Zudem kommen natürlich auch bei dem frischgebackenen Unternehmer, im Land der Unternehmer und Tellerwäscher, Standesdünkel hinzu.

Doch Hillary kann sich in ihrer neuen Umgebung nicht so recht einleben. In der Nachbarschaft wohnt ein Mädchen, das sie ständig tyrannisiert. Regelmäßig wird sie von dem

Hillary Clinton – Begeisterung nicht nur für die
Politik.

Mädchen, namens Suzy, verprügelt, und Suzy freut sich diebisch, wenn die kleine Rodham tränenüberströmt nach Hause läuft. Es kommt sogar so weit, daß sich Hillary an die Schürze ihrer Mutter festklammert und nicht mehr draußen spielen will. Dorothy Rodham ist nicht der Ansicht, daß sich eine Mutter ständig in die Angelegenheiten ihrer Kinder einmischen soll, aber jetzt reagiert sie, packt Hillary bei den Schultern, schaut ihr in die Augen und sagt mit ganz fester Stimme:

»Hillary, bei uns im Haus ist kein Platz für Feiglinge. Du mußt dich wehren. Das nächste Mal, wenn sie Dich verhaut, schlägst Du einfach zurück. Das machst Du. Wehr' Dich!«

Die kleine Hillary nimmt allen verfügbaren Mut zusammen, geht entschlossen nach draußen und stellt sich der Gefahr, in diesem Fall der Nachbarin Suzy. Die Jungs aus der Nachbarschaft stehen auf der Straße um die zwei kämpfenden Mädchen herum und stacheln den Haß der beiden noch an. Hillary ist so in Rage, daß es ihr gelingt, Suzy auf den Rücken zu werfen. Weinend bittet das am Boden liegende Mädchen Hillary darum, endlich aufzuhören. Hillary erbarmt sich, denn sie hat das erreicht, was sie sich vorgenommen hatte: die Angreiferin ist besiegt. Stolz kehrt sie nach Hause und verkündet ihrer Mutter:

»Mami, jetzt darf ich sogar mit den Jungs spielen.«

Bis auf diesen kleinen handgreiflichen Zwischenfall kann man die Kindheit von Hillary als äußerst behütet bezeichnen. Das Mädchen wächst in einer intakten Umwelt auf. Beide Eltern ergänzen sich in der Erziehung der Kinder und die Rodhams nehmen sich viel Zeit für ihren Nachwuchs. Es wird zusammen mehr Scrabble gespielt als ferngesehen – so ganz anders als bei Bill Clinton.

Schon als Kind ist Hillary sehr, sehr zielstrebig. Wenn sie sich etwas wünscht, dann muß dieser Wunsch auch in

Erfüllung gehen. Und auf dem Weg, die gesteckten Ziele zu erreichen, verfährt sie diszipliniert und überaus korrekt. Einmal wird sie von einer Schulfreundin gefragt, ob sie ihr nicht Tennisstunden geben könne. Hillary sagt völlig selbstverständlich zu. Die Woche darauf treffen sich die zwei zur ersten Stunde auf dem kleinen Tenniscourt in Park Ridge: Die Freundin mit einem neuen Tennisschläger und Hillary mit einem fertig ausgearbeiteten Vertrag, der Dauer und Ziel des Unterrichts festlegt.

Sport spielt für sie ohnehin eine wichtige Rolle. Sie liebt es, sich mit anderen zu messen, schneller zu sein, das Ziel auf kürzestem Weg zu erreichen. Alle Arten von Wettkampfsport machen ihr riesigen Spaß. Häufig genug organisiert sie selbst Wettkämpfe oder veranstaltet Sportfeste für karitative Zwecke. Für den Sport tut sie wirklich alles und ihr sehnlichster Wunsch wäre mit Sicherheit eine Olympiateilnahme für ihr Land gewesen – allerdings ist sie selbst nur eine sehr mittelmäßige Sportlerin. Doch auf diesem Weg lernt sie schon bald etwas Wichtiges fürs Leben: »An einem Tag gewinnt man eben, am anderen verliert man. Man darf es nur niemals als persönliche Niederlage sehen. Man muß an einem neuen Tag einfach nur weitermachen«, lautet das Resümee von Hillary Clinton.

Doch ähnlich wie bei Bill Clinton, erstreckt sich ihr Engagement nicht nur auf eine einzige Sache. Neben dem Sport nimmt sie die Schule recht ernst, gehört immer zu den besten des Jahrgangs. Als Pfadfinderin wird sie mit den höchsten Auszeichnungen geschmückt, und in der methodistischen Gemeinde nimmt sie alle Posten mit Verantwortung wahr. Kurz: Sie sucht überall und immer neue Aufgaben – »A Young Lady in a Hurry«.

Besonders auffällig dabei ist, daß sich bei allem, was sie tut, ihr ausgeprägter Sinn für Gerechtigkeit bemerkbar macht. In einem Interview mit der amerikanischen Illustrierten »Newsweek« versucht Hillary Clinton dies zu erklären: »Diesen Gerechtigkeitssinn habe ich von zwei Seiten vermittelt bekommen. Von jeher hatten meine Eltern ein starkes Gefühl für Gerechtigkeit – nicht unbedingt das, was man auf soziale Inhalte beziehen kann, sondern eher allgemein. Sie konnten unterscheiden und vermitteln, was gerecht und was ungerecht war. Darüber hinaus hatte der methodistische Geistliche, der in unserer Kirche die Jugendarbeit betreute, einen ungeheuren Einfluß auf mich und mein Leben. Als wir eines Sonntag abends in der methodistischen Kirche saßen, wir, die weißen Vorstadtkinder, kam er und sagte zu uns: ›Okay, wir gehen in die Stadt und besuchen einige Jugendliche, die genauso sind wie ihr.‹ Und wir gingen in die Stadt und trafen uns mit spanischen Kindern und Kindern schwarzer Familien. Damals hatten wir noch viele Farmen in unserer Gegend. Unser Geistlicher arbeitete Programme aus, damit die Mädchen aus unserer Kirchengruppe für die Kinder der Wanderarbeiter babysitteten, während die Eltern auf dem Feld waren. Er war unermüdlich darin, uns immer wieder zu sagen, daß Christsein nicht nur bedeutet, sich um seine eigene Erlösung zu sorgen.«

Kurz bevor sie die »Maine Township High School South« in Park Ridge, eine staatliche Schule, abschließt, faßt sie den Entschluß – von den Visionen Kennedys beflügelt – als erste amerikanische Frau den Mond zu betreten. Sie ist völlig begeistert von dem Gedanken ins Weltall zu fliegen und die Welt von oben zu betrachten. Und wie es ihre Art ist, bleibt es nicht nur beim Träumen, ihr Traum soll Wirklichkeit werden. So erhält die nationale Luft- und Raumfahrtbehörde NASA Ende 1964 einen Brief von einer gewissen Hillary Rodham aus Park Ridge bei Chicago. Der Inhalt: Sie möchte am Raumfahrtprogramm der NASA mitarbeiten und Astronautin werden. Doch Mitte der sechziger

Wer hätte das gedacht? Von der »Kleinen mit den Cola-
Flaschen-Augen« zur »First Lady«. (Inter-Topics/Bansemer)

Jahre stehen die Zeiten für weibliche Astronauten äußerst
schlecht.

Die NASA-Antwort: »Wir nehmen keine Bewerbungen
von Mädchen für die Tätigkeit als Astronaut an.«

Hillary ist vom männlichen Chauvinismus der Verantwortlichen im Washingtoner Headquarter enttäuscht. Schlimmer noch, sie fühlt sich als Frau benachteiligt: »Dieser Brief von der NASA hat mich damals ungeheuer auf die Palme gebracht«, sagt Hillary später zu diesem Vorfall.

Anfang 1965 kann sie die High-School mit Auszeichnung abschließen. Ihre Klassenlehrerin sowie die Betreuungslehrerin, aber auch der Rektor der Schule reden auf ihre Eltern ein, das Kind auf ein sehr gutes College zu schicken – koste es, was es wolle. Da Geld bei den Rodhams nur eine untergeordnete Rolle spielt, fällt die Wahl auf das Wellesley-College, etwas außerhalb von Boston. Wellesley ist eines der wenigen Colleges in den Vereinigten Staaten, das ausschließlich Mädchen aufnimmt. Hillary kann sich die ersten Tage, fern von zu Hause, noch nicht so richtig einleben. Sie findet nicht gleich den Draht zu ihren Mitschülerinnen: »Alle waren sehr reich, verwöhnt und von meiner Art sehr eingeschüchtert.« Aber schon bald zeigt die Ausstrahlung von Hillary Wirkung. Sie findet viele Freundinnen und wird oft um Rat gebeten, wenn jemand ein Problem hat. Hillary wird Präsidentin der Studentenvertretung in Wellesley. Aber es ist nicht einfach, einen eigenen Weg in diesem Haufen von überkommenen Rollenvorstellungen zu finden. Doch das politische Klima in den sechziger Jahren tut ein übriges: »Wir waren von Männern mit Träumen umgeben, Männern in der Bürgerrechtsbewegung, in den Friedenskorps und im Raumfahrtprogramm. Und wir spürten auch, daß wir die Rolle der Frau neu definieren mußten und es auch konnten.«

Im Jahr 1969 besteht Hillary Rodham ihr Examen am Wellesley College in Massachusetts mit Auszeichnung. Als die Examensfeier ansteht, kommen ihre Mitschülerinnen auf sie zu und drängen sie, die Abschlußrede für die Studentinnen zu halten. Zusammen mit Hillary feilen sie tage-

Grund zum Strahlen – Hillary war schon immer auf Erfolg programmiert. (Inter-Topics/Levy)

und nächtelang an ihrer Rede. In unzähligen Sitzungen brüten die Mädchen über den passenden Formulierungen und den Inhalt der Rede, die ihre Gefühle, Wünsche und Ängste ausdrücken soll.

»Nun, das war 1969. Und einige meiner Klassenkameradinnen kamen im Frühjahr zu mir und sagten, daß sie es nicht in Ordnung fänden, daß in Wellesley noch nie eine Studentin zur Examensfeier gesprochen hatte. Sie wollten zur Verwaltung gehen und darum bitten, daß sie eine Studentin sprechen ließen, weil es uns zustand, daß man unsere Stimme hörte. Und sie wollten, daß ich für sie sprach. Wie auch immer, schließlich kam es dazu, daß ich hinter Senator Edward Brooke auf dem Programm stand. Ich fühlte mich sehr geehrt, daß meine Kommilitoninnen mich ausgewählt hatten, für sie zu sprechen. Ich glaube, daß ich die natürliche Wahl war, weil ich auch Präsidentin des Studentenparlaments des Colleges war. Viele schrieben mir, was sie gerne in der Rede hören wollten. Sie schickten mir Gedichte. Es wurde eine wirkliche Kollektivarbeit. Hauptsächlich wünschte man sich, daß ich versuchen sollte, 'rüberzubringen, wie die Zeit damals wirklich war: die Jahre des Vietnamkrieges, die Ermordung von Martin Luther King und Bobby Kennedy, die brennenden Städte. Dies war eine unglaubliche Zeit, die wir damals durchlebten. Und Senator Brooke hielt eine sehr traditionelle, konventionelle Rede, die vor allem eine republikanische, entschuldigende Linie zu den Ereignissen und der Politik von Präsident Nixon einschlug. Dies war genau die Art von Botschaft, die meine Klassenkameradinnen nicht als letzte Erinnerung von Wellesly mitnehmen wollten. Als ich sprach, antwortete ich auf seine Rede, daß er nicht wirklich die Sorgen von jungen Menschen angesprochen hatte, die an der Schwelle standen, hinaus in die Welt zu gehen.«

Am Tag der Rede geht Hillary völlig souverän an das Rednerpult, wendet sich den Zuhörern zu, begrüßt sie, neigt ihren Kopf ein wenig dem republikanischen Senator Brooke zu und stößt diesen vor dem Kopf, als sie ihm bescheinigt, daß er völlig an den Wünschen und Visionen der Generation von Wellesley und an denen der jungen Amerikanern vorbeigeredet hatte. Die Perspektive, die die Abgängerinnen von Wellesley haben, kann nicht nur in der von konservativer Seite gewünschten, traditionell überkommenen Rolle der Frau liegen. Für sie besteht die Perspektive nicht nur darin, einen Fuß auf den Mond zu setzen. Es muß weitergehen. Die Bürgerrechtsbewegung muß mit neuen Inhalten beseelt werden, die tiefen Gräben zwischen den Hautfarben müssen zugeschüttet und auch die Rolle der Frau muß neu definiert werden – eine neue Generation von Frauen, die nicht mehr nur dazu erzogen wird, zu schweigen. Die Rede ist spektakulär und zieht Kreise weit

Nobody is perfect! – Die Erziehung in Wellesley läßt einiges zu wünschen übrig... (Süddeutscher Verlag/AP/Sladky)

über die Examensfeier hinaus. Die Rede wird in der Zeitschrift »Time« abgedruckt. Der Name Hillary Rodham ist für kurze Zeit ein Begriff in den USA.

Ihre Mutter, Dorothy Rodham, darf zu dieser Zeit noch ihrem großen Wunsch nachhängen, daß ihre Tochter dereinst die erste Frau am Obersten Gerichtshof der USA werden wird. Hillary geht an die renommierte »University of Yale« und nimmt dort ihr Jura-Studium auf. Mit ihren kurzen mausbraunen Haaren, ungeschminkt, Brillengläser, dick wie Colaflaschen, und ihrem sehr direkten und bestimmten Auftreten, das den Eindruck vermittelt, sie dulde keinen Widerspruch, macht sie in Yale auf viele ihrer Kommilitonen einen eher einschüchternden Eindruck. Ähnlich wie in den Anfangszeiten in Wellesley – und so ganz anders als Bill, der ein Jahr später in Yale das Studium aufnimmt, und von allen Seiten nur »Mr. Aura« genannt wird. Hillary wirkt anfänglich eher verkniffen. Dieser Eindruck verwischt sich jedoch nach ein paar Wochen. Denn einerseits ist sie durch ihre Abschlußrede in Wellesley fast schon ein Star und andererseits ist sie wochenlang ständig im lokalen Fernsehsender zu sehen: Sie glänzt dort mit ihrem unerschöpflichen Allgemeinwissen, als sie das Fernsehquiz »College Bowl« mehrmals hintereinander gewinnt.

In ihrem zweiten Jahr in Yale kommt es schließlich zu jenem berühmt-berüchtigten Treffen in der Universitätsbibliothek, bei dem sie den jungen Bill Clinton kennen – und später auch lieben lernt. Doch hier müssen Dichtung und Wahrheit auseinanderklaffen: Denn sowohl Hillary als auch Bill Clinton sind jeweils Vertreter einer anderen Version des Kennenlernens. Und rechnet man noch die filmreifen ›Drehbücher‹ der Clinton'schen Love Story von Bob Reich, dem jetzigen Arbeitsminister, der unverdrossen für sich in Anspruch nimmt, beide bei sich in der Studentenwohnung bekannt gemacht zu haben, und das von Jefferey

Das Billary-Team – von Anfang an ein starkes
Gespann. (dpa)

Glekel, der eisern auf dem Drama und Untergang seines
»Yale Law Journals« beharrt, mit der dieses Buch begann,
dann sind es der Legenden schon vier. Letztlich wird aber
auch die Geschichte darüber nicht richten können, wenn
sich nicht einmal die Liebenden einig sind, ob alles denn
nun in der Bibliothek oder in einer Menschenschlange beim
Einschreiben für einen Kurs oder in der Klasse über Zivil-
und Bürgerrecht anfing. Allerdings sind Bill Clinton und
sein Freund Jefferey Glekel von ihren ähnlichen Versionen
des Kennenlernens nicht abzubringen, während bei Bob
Reich und Hillary Clinton schon manchmal ein Ton eines
Zweifels mitschwingt.

Ganz egal, was stimmt: Für Bill ist Hillary seither »das
genialste Teil auf zwei Beinen«. Und fragt man Hillary
danach, was ihr an Bill am besten gefallen hat, kommt die

Antwort wie aus der Pistole geschossen: »Er hatte vor mir keine Angst.« Seither verlaufen die Wege der beiden annähernd parallel, das Billary-Team hat sich gefunden. Schon im ersten Jahr ihrer Partnerschaft mischen sie gemeinsam bei der Gouverneurs-Kampagne des Demokraten George McGovern in Texas mit. Während des ganzen Semesters arbeiten sie an der Kampagne und lassen dafür ihre Kurse in Yale ausfallen. Erst kurz vor den Prüfungen fahren sie zurück an die Universität und, was fast unglaublich ist, beide bestehen. Doch aller Einsatz ist umsonst. George McGovern hat keine Chance, er verliert die Wahl. – Aber wenigstens Hillary und Bill schließen während des Wahlkampfes gute Freundschaften, weitere FOBHs, »Friends of Bill and Hillary«, darunter auch die spätere Clinton-Beraterin und Wahlkampfmanagerin Betsey Wright.

Bevor das Billary-Team den ersten Sieg für sich verbuchen kann, muß es erst noch ein weiteres Mal verlieren. Es ist in Yale üblich, eine Art Wettbewerbs-Gerichtsverfahren zu veranstalten, an dem sich die Studenten der höheren Semester beteiligen können, um sich schon einmal – quasi als Warm-up – realitätsnah die ersten Sporen zu verdienen. Die Studenten müssen Anwälteteams bilden, deren Arbeit dann von einer unabhängigen Jury beurteilt wird. Hillary überredet Bill, bei einem solchen Verfahren mitzumachen – als ihr Partner. Und wie kann es anders sein: Beide wollen natürlich gewinnen. Voller Verve stürzen sie sich auf den Wettbewerbsfall. Hillary ist treibende Kraft und zwingt Bill immer wieder, konkret am Fall zu bleiben und nicht abzuschweifen. Schon damals sagt man Hillary eine große Karriere als Anwältin voraus, während Bill schon als der herausragende »Kandidat« für eine politische Karriere gehandelt wird. Die Rollen im Billary-Team sind früh verteilt. Und sie sind auch im Wettbewerbsverfahren ähnlich: Bill hält die Plädoyers, während sich Hillary mit kühlem Kopf durch die Verhöre schlägt. Doch trotz ihres Einsatzes ist das Duo in den Augen der Jury nicht der Gewinner. Jedoch hinterlassen beide einen tiefen Eindruck auf den demokratischen Bürgerrechtler John Doar. Dieser muß so von beiden beeindruckt gewesen sein, daß er sich sofort an Bill und Hillary erinnert, als er die Stellen im Amtsenthebungsverfahren von Präsident Richard Nixon zu besetzen hat. Bill, den er als ersten anruft, lehnt ab, aber auf die Frage, wen er denn empfehlen könne, antwortet Bill, ohne eine Sekunde nachzudenken: »Hillary Rodham«. Doch diesen Namen hatte Doar bereits auf seiner Liste, und Hillary nahm das Angebot auch an.

Zunächst müssen beide aber 1973 ihren Abschluß in Yale machen. Und müßig, es zu betonen, beide verlassen Yale mit den besten Zeugnissen. Die Türen zu einer großen Anwalts- oder Wirtschaftskarriere stehen sperrangelweit offen. Doch sowohl Bill als auch Hillary lassen sich vom großen Geld nicht blenden. Bill zieht es in seine Heimat zurück, und Hillary widmet sich erst einmal ihrem Engagement: Sechs Monate lang arbeitet sie als Rechtsreferentin für den Kinderschutzbund in Cambridge, Massachusetts. Dort erreicht sie besagter Anruf von John Doar. Sie zieht nach Washington und schnuppert im Rechtsausschuß des Kongresses schon ein bißchen in der amerikanischen Geschichte.

Im Jahr 1972 veröffentlichen zwei Journalisten einen Abhörskandal, der die Nixon-Administration direkt betrifft. Mehrere Mitarbeiter von Präsident Richard Nixon werden beschuldigt, Gespräche in Parteizentralen der Demokratischen Partei illegal abgehört zu haben. Die Schuldigen sind allesamt im Komitee zur Wiederwahl des Präsidenten zu finden. Über zwei Jahre lang zieht der Skandal, der als Watergate-Affäre in die US-Geschichte eingehen wird, seine Kreise; Ende 1973 wird das Amtsenthebungsverfahren

Die Vorsitzende des Kinderschutzbundes bei einer
Rede 1992. (pandis media/Sygma/Tannenbaum)

gegen den Präsidenten, das sogenannte Impeachment, ein-
geleitet.

Die Mitarbeit im Ausschuß zur Amtsenthebung von Präsident Richard Nixon sind für Hillary Rodham kein Zuk-
kerschlecken. Zwanzig Stunden Arbeit am Tag sind durchaus üblich. Die jungen Anwälte stehen unter totalem Streß.
Sechs Monate lang ist an Privatleben nicht zu denken. Das
kurze Gespräch mit den Kollegen vor dem Kühlschrank,
um sich einen Joghurt zu holen und eine Coke zu trinken,
ist schon alles und dabei wird meistens noch über »den
Fall« geredet. Bill und Hillary halten in diesem halben Jahr
deshalb nur telefonisch Kontakt, und oft steht auch in diesen
Gesprächen mehr »der Fall« im Vordergrund als das Pri-

vatleben. Am 21. Juni 1974 nach wochenlanger harter Arbeit legt der Rechtsausschuß des Repräsentantenhauses den Bericht der geheimen Anhörungen im Rahmen des Amtsenthebungsverfahrens vor. Das Team kann schließlich aufgrund der Rechtslage am 19. Juli sogar die Empfehlung erteilen, die Immunität des Präsidenten aufzuheben und Richard Nixon vor Gericht zu stellen: »Rechtlich denkende und handelnde Männer würden den Präsidenten schuldig sprechen.«

Aber wenn es wirklich zu einer Amtsenthebung kommt, wird die Stellung des Präsidenten der Vereinigten Staaten von Amerika großen Schaden tragen. Die Glaubwürdigkeit der US-Politik wird in eine tiefe Krise geraten. Das ist allen Beteiligten klar. Doch der Ausschuß arbeitet mit unvermindertem Einsatz weiter. Die Rechtslage für Richard Nixon wird immer bedrohlicher. Der obere Gerichtshof fordert Nixon ultimativ auf, die skandalumwitterten Tonbänder vorzulegen. Die jedoch würden seine Beteiligung an der Affäre nachweisen. Und nun stellt sich auch die öffentliche Meinung gegen den Präsidenten. Im August tritt Nixon schließlich zurück. Der Ausschuß stellt seine Arbeit ein. Hillary Rodham ist arbeitslos.

Jetzt stellen sich für sie zwei Alternativen: Entweder in Washington oder New York eine Stelle annehmen und Karriere machen, oder aber sich für den Mann in Arkansas entscheiden. Hillary Rodham denkt lange über die Alternativen nach, und Hillary Clinton sagt später dazu:

»Es war ein Kampf zwischen meinem Kopf und meinem Herz. Gott sei Dank hat mein Herz gewonnen.«

HILARY CLINTON
Wife of Dem. Pres. Cand.
Bill Clinton
AP News Library 5-'92

»Zu schade fürs Damenprogramm« – Hillary auf dem Weg
zur First Lady.

(AP)

Die Baby-Boomer

Vom Beginn einer Ehe- und Zweckgemeinschaft

Während Hillary zunächst als Rechtsreferentin beim amerikanischen Kinderschutzbund arbeitet, geht Bill Clinton zurück in seinen Heimatstaat Arkansas. Eigentlich will er eine kleine Anwaltskanzlei in Little Rock eröffnen. Ganz behutsam will Bill sich auf diese Weise wieder ins öffentliche Leben einklinken, um dann später seine politische Karriere als Senator oder Kongreßabgeordneter von Arkansas in Angriff zu nehmen. Doch er bekommt eine Stelle als Lehrer an der Arkansas Law School in Fayetteville angeboten, für 25.000 Dollar Jahressalär. Bill läßt sich von Freunden überreden, die Stelle anzunehmen, und mit 27 Jahren wird er zu einem der jüngsten Dozenten in Fayetteville. Als ›Küken‹ des Kollegiums kann man sich jedoch nicht die Rosinen picken, was für ihn bedeutet, daß er den ›Lieblingskurs‹ aller Studenten und Dozenten übernehmen muß: das Seminar über Seerecht – was in einem Binnensüdstaat schon fast anachronistische Züge hat.

Aber Bill Clinton will ja seine Karriere nicht als Dozent beenden. Der Einstieg in die Politik erfolgt allerdings überraschend früh, schon im ersten Jahr in Fayetteville. Als sich kein Kandidat der Demokraten um einen Sitz im Kongreß bewerben will, faßt sich Bill Clinton ein Herz und verkündet von einem zweitklassigen Hotel aus über das Lokalfernsehen seine Kandidatur. Mit der Universität wird er sich handelseinig. Künftig wird er nur noch nach den Stunden bezahlt, die er auch tatsächlich hält. Dann widmet er sich dem Kampf um den Platz im Kongreß. Sein Gegner ist der republikanische Mandatsträger John Paul Hammerschmidt, der seit 1966 unangefochten jede Wahl gewinnen konnte.

Hammerschmidt ist fast schon ein politisches Denkmal in Arkansas, und niemand gibt Clinton eine Chance. Zumal er überhaupt nicht den Vorstellungen eines Politikers aus Arkansas entspricht. Langhaarig und jung, aus der Baby-Boomer-Generation stammend, kann er sich jedoch das Protestwählerpotential erschließen. Und Clinton führt einen sehr engagierten und ungewöhnlichen Wahlkampf. Der Vertrauensverlust der Republikaner nach Watergate und der Verdruß der US-Bevölkerung am unrühmlichen Ausgang des Vietnamkrieges nutzt ihm obendrein. Clinton ist anders und steht für neue Ideen, für eine neue Politik. Zudem zieht er als jugendlich wirkender Nobody und Newcomer das Interesse der Medien auf sich. Clinton wirkt auf die Wähler wie ein frischer Wind, der durch das muffige Haus der Korruption und des Machtmißbrauchs zieht.

Ohne die Unterstützung seiner Freunde, die ihm Autos, Arbeitskraft und Geld zur Verfügung stellen, könnte er das Unterfangen, in den Kongreß zu gelangen, jedoch nicht realisieren. Überhaupt sind der Idealismus und der Wille, zu kämpfen, die treibenden Kräfte in seinem Wahlkampf. Wochenlang fährt er mit seinem etwas angerosteten Kombi übers Land, besucht jeden Weiler, schüttelt unzählige Hände. Fast scheint es, als würde er jeden der gut zwei Millionen Einwohner nach seinen Problemen fragen. Das Gespräch beginnt dabei immer wie bereits gehabt: »Hallo, ich bin Bill Clinton, ich kandidiere für…«

Mit dem Abstand von fast zwanzig Jahren blickt Bill Clinton in einem Interview mit der »New York Times« auch etwas wehmütig auf diesen, in seinen Augen genialen Wahlkampf:

»Das war der beste Wahlkampf, den ich je geführt habe. Leider ohne jede Chance. Aber ich hatte eine tolle Zeit. Ich bin in meinem kleinen Auto übers ganze Land gefahren, habe viel gelernt über die Menschen und über die Politik.

Das ist so, als würde man täglich eine neue Schale von einer unendlich großen Zwiebel abschälen.«

Mitten im Wahlkampf stirbt der dritte Mann von Virginia Kelley, den sie kurz nach dem Tod von Roger Clinton geheiratet hatte, an einem Herzleiden. Er war Diabetiker. Seine Mutter, die ansonsten etwas schrille und lebenslustige Frau, mit einem Jahresticket für die Rennbahn in Hot Springs, ist am Boden zerstört. Bill kümmert sich um seine Mutter, was für ihn während des Wahlkampfs eine Doppelbelastung bedeutet. Aber Bill bekommt unerwartet Rückendeckung von einer ganz anderen Seite. Hillary Rodham kommt nach Arkansas: Nach Nixons Rücktritt in Washington arbeitslos geworden, tritt sie im September 1974 eine Stelle an der University of Arkansas Law School an. Es ist für Hillary kein leichter Entschluß, der Liebe wegen in die tiefste Provinz zu gehen, wo ihr doch eine glänzende Karriere offensteht.

Bereits 1974, kurz nach dem Ende des Impeachments, hatte Bill zum ersten Mal zart nachgefragt, ob sie sich es denn vorstellen könnte, ihn zu ehelichen und in Arkansas zu wohnen. Sie fühlte sich ein wenig überfahren und zögerte mit einer klaren Antwort: »Ich sagte zu ihm, daß es wirklich eine schwere Entscheidung ist, weil ich mich verpflichtet fühle, in Arkansas zu leben. Und ich sagte weiter: ›Tja, das ist tatsächlich eine schwere Entscheidung.‹ Und dann war ich plötzlich überzeugt, daß man so keine Entscheidungen treffen kann. Wenn Du jemanden liebst, mußt Du einfach hingehen und Dir anschauen, wie es läuft. Also zog ich nach Arkansas und begann an der juristischen Fakultät zu unterrichten.«

Kopfschüttelnd muß sie sich der besorgten Fragen ihrer Freunde erwehren: »Willst Du wirklich dahin?« Die Vorbehalte von Familie und Freunden gegen den Südstaat und dadurch auch gegen Bill Clinton machen Hillary schon zu schaffen: »Es gab Vorbehalte. Nicht nur von meiner Familie, sondern auch von meinen Freunden. Wissen Sie, Bill war bei meinen Freunden sehr beliebt, aber sie dachten, ich gehe an das Ende der Welt. Sie hatten keine Ahnung, wie das Leben dort aussah. Mein Vater hingegen war eher besorgt, daß Bill Demokrat war. Großartige Argumente, wirklich großartige Argumente.« Hilfestellung von dieser Seite war also nicht zu erwarten.

Schon ein Jahr zuvor war Hillary nach Arkansas gereist, um sich alles anzusehen, und Bill tat damals wirklich sein Bestes, um ihr diesen ersten Aufenthalt so angenehm wie möglich zu gestalten, so ganz nach dem Motto: »Und weißt Du, Hillary, wir haben die größten Melonen dieser Welt.«

»Als ich Bill Clinton traf, war er die erste Person aus Arkansas, die ich jemals kennengelernt hatte. Und als ich 1973 das erste Mal Arkansas besuchte, wußte ich wirklich nicht, was ich dort erwarten sollte. Er holte mich am Flughafen von Little Rock ab. Er wohnte in Hot Springs, was ungefähr eine Stunde entfernt liegt. Wir fuhren aber acht Stunden. Er zeigte mir all die Plätze, die er schön fand. Wir fuhren in alle Naturparks und an alle Aussichtsplätze der Umgebung. Und dann hielten wir an seinem Lieblings-grillplatz. Schließlich verließen wir die Straße und legten noch einen Stop an seinem bevorzugten Kuchenladen ein. Mein Kopf drehte sich, weil ich keine Ahnung hatte, was ich als nächstes sehen würde, und was ich zu erwarten hatte.« So schildert Hillary Clinton 1992 der Zeitschrift »Newsweek« den ersten Kontakt mit der konservativen Heimat ihres Freundes. Ein Jahr später zieht sie, erst einmal für ein Jahr, nach Fayetteville.

Beide unterrichten zwar an der juristischen Fakultät, aber sie wohnen nicht zusammen. Dem Zusammenziehen des jungen Paares stehen zur damaligen Zeit die extrem konservativen Moralvorstellungen in Arkansas entgegen.

Das stört beide in den Anfängen nicht sonderlich, denn Bill ist in den ersten gemeinsamen Wochen noch mit seinem Wahlkampf beschäftigt, und auch Hillary ist mit ihrem Job ausgelastet und sehr zufrieden. Sie bekommt sogar die Gelegenheit, ein Seminar über die Rechte von Kindern abzuhalten – ihr Spezialgebiet, ja fast schon ihr Hobby.

Dennoch ist dieses erste Jahr in Arkansas für Hillary eine harte Schule. Der Südstaat erfordert von ihr ein völlig anderes Leben, wie sie es aus der Hauptstadt und aus Chicago gewöhnt ist. Es ist nicht ihre Art, sich, von Lockenwicklern gekrönt, mit der Nachbarin über das Abendessen zu unterhalten, freudig jeden Donnerstag eine Teeparty zu geben, einmal pro Jahr eine Bingoveranstaltung zu einem sozialen Zweck auszurichten und alle vierzehn Tage den fixen Termin beim Top-Friseur in Little Rock wahrzunehmen, um dort den neuesten Klatsch und Tratsch zu erfahren.

»Ich hatte einige Vorbehalte, teilweise weil ich niemanden dort unten kannte und nicht wußte, wie man mich empfangen würde. Und ich kam nach Fayetteville und begann innerhalb von 48 Stunden zu unterrichten. Alles ging sehr schnell. Und ich war begeistert. Die Leute waren warm und freundlich zu mir. Ich fühlte mich sofort zu Hause. Und gleichzeitig war es ein Schock für mich, weil ich nie zuvor im Süden oder in einem kleinen Ort gelebt hatte. All dies gab mir eine neue Perspektive und half mir zu verstehen, wie die meisten Menschen leben. Ich glaube, daß ich so eine sehr viel interessantere Zeit hatte, als wenn ich mich gedrückt hätte und nicht meinem Herzen gefolgt wäre.«

Hillary kann nicht mehr verhehlen, daß es ihr in Arkansas gefällt. Sie findet es toll, daß ihr wildfremde Menschen im Supermarkt auf die Schulter klopfen und fragen: »Sind sie nicht die Professorin von der Juristenschule?«

»Ich liebte Fayetteville. Ich liebte die Universität. Ich liebte die juristische Fakultät. Ich liebte meine Kollegen.

Und ich fand dort die besten Freunde, die ich je hatte. Es war für mich eine große Umstellung, zumal ich noch nie im Süden und noch nie in einer Kleinstadt gewohnt habe, aber ich fühlte mich sofort zu Hause.« Sie war wer in Arkansas, und das war für sie wichtig. Kurz vor Ablauf des selbst gesetzten »Arkansas-Testjahres«, im August 1975, holt Bill sie eines Nachmittags von der Universität ab, schleift sie mit zum Auto und, ohne ein Wort zu sagen, fährt er nach Fayetteville, hält mit seinem Auto vor einem kleinen Bungalow, in dessen Vorgarten noch das schiefe Schild »For sale« steht, nimmt Hillary in den Arm und sagt: »Du hast vor kurzem gesagt, es gefällt Dir. Nun gut, ich hab's gekauft.« Nachdem es im konservativen und reaktionären Arkansas nicht möglich war, unverheiratet zusammenzuleben, drängt Clinton jetzt auf eine Entscheidung.

Und Hillary weiß, daß sie sich, nachdem sie Arkansas ein Jahr lang auf Herz und Nieren getestet hat, entscheiden muß. Doch sie will sich ganz klar darüber werden, damit sie niemals das Gefühl zu haben braucht, sie habe etwas versäumt. Sie setzt sich in ihr Auto und fährt nach Hause. Dort bleibt sie einige Tage, um anschließend bei ein paar Freundinnen vorbeizutingeln, mit denen sie studiert hat, und die in New York, Chicago und Washington ihre Karrieren begonnen haben. Sie will sehen, wie es ihnen in den letzten zwei Jahren ergangen ist. Und sie muß feststellen, daß keine von ihren Freundinnen etwas Interessanteres macht als sie. Und das, obwohl sie – mehr oder weniger – am Ende der Welt, in Arkansas gelebt und gearbeitet hat.

Zwei Monate später ist sie mit Bill Clinton verheiratet. Die große Entscheidung, ob sie eine Familie gründen sollten oder nicht, war gefallen. Am 11. Oktober 1975 werden Hillary Rodham und Bill Clinton – sie 27 und er 29 Jahre alt – von einem Methodistenpfarrer in Little Rock getraut. Hillary behält ihren Mädchennamen bei, was später in der

Die kühle Blonde aus dem Norden findet ein neues Zuhause im Süden. (pandis media/scope features)

politischen Szene noch für Probleme sorgen wird. Bei der Zeremonie sind nur die Eltern und die Geschwister dabei. Es soll eine kleine, aber durchaus stimmungsvolle Feier werden, die den Bund dieser Interessenpartnerschaft, dieser Ehe besiegelt. Doch die vielen Freunde lassen es sich nicht nehmen, den beiden persönlich zu gratulieren, und bis spät in die Nacht wird das beiderseitige Ja-Wort ausgiebig gefeiert. Das Billary-Team ist nun offiziell und auch »vor Gott« ein Team. Ein Team, von dem viele Freunde behaupten, daß es die erstaunlichste Ehe führt, die man sich nur vorstellen kann. Eine Ehe, aus der man lernen könne, wie schön und interessant es sein kann, mit jemanden verheiratet zu sein und auch zu ihm zu halten.

Nicht nur für Hillary die Nummer Eins: Amerikas Frauen
setzen große Hoffnungen auf Bill Clinton. (dpa/Lamkey)

Die Unterstützung von Hillary Rodham hat Bill aber
zunächst bei seinem ersten »Run« auf den »Capitol Hill«
nichts genützt. Clinton verliert das Wettrennen mit Hammerschmidt. Mit 51,5 Prozent der Wählerstimmen kann
sich dieser noch einmal behaupten. Dennoch, für Bill Clinton ist der Wahlausgang ein großer Erfolg. Es ist das beste
Ergebnis, das ein Demokrat gegen den Republikaner Hammerschmidt je erzielt hat. Die regionalen Zeitungen schwel-
gen erstmals in Superlativen. Sie bezeichnen ihn als »Jun-
gen-Wunder«, als den »aufsteigenden Stern«, als den
»Mann, den man im Auge behalten muß«. Und Clinton
selbst entdeckt in diesem ersten politischen Auftreten sein
Faible für Wahlkämpfe. Auf die Frage, ob er Wahlkämpfe
besonders liebe, antwortet er später einmal: »Sie geben mir

die Chance, den Kontakt zu den Menschen herzustellen.«
Diesen Kontakt weiß »Mr. Aura« auch mit dem gewissen
»Clinton-Flair« zu nutzen.

Zwei Jahre nach dieser ersten Niederlage, im Jahre 1976,
erringt Bill Clinton seinen ersten bedeutsamen politischen
Sieg. Zuerst war Clintons Ambition rein auf den Capitol
Hill ausgerichtet, er wollte Kongreßabgeordneter werden.
Doch zusammen mit Hillary, die sich in der Zwischenzeit
in Arkansas wie Zuhause fühlt, kommt er überein, daß er
die nächste Zeit dort für ein politisches Amt kandidieren
wird. Auch Hillary sieht in Arkansas für sich bessere Möglichkeiten, ihre Ambitionen im Bereich der Erziehungspo-
litik und im Kinderschutz zu verwirklichen. Nachdem sein
Freund Guy Tucker nach Washington geht und nicht noch
einmal für das Amt des Attorney Generals kandidieren
möchte, ist der Weg für Bill Clinton frei, auf dieses Sprung-
brett für höhere Weihen zu steigen. Und wieder begibt er
sich in den Wahlkampf, diesmal jedoch um die Stimmen
einer sehr begrenzten Wählerschaft: Er besucht alle Poli-
zeistationen und versucht, das Vertrauen der Polizeioffizie-
re zu gewinnen. Er will ihnen klar machen, daß da nicht
ein jugendlicher Außenseiter, ein Polit-Hippie für das Amt
kandidiert, sondern ein ernstzunehmender Jurist und Politiker. Die Vorurteile sind groß. Man wirft ihm eine viel zu
liberale Haltung bei Rauschgiftmißbrauch und Schwäche
bei der Verurteilung von Schwerverbrechern vor. Die meist
gestellte Frage in diesen Tagen: »Wie halten Sie es eigentlich mit der Todesstrafe.« Bill antwortet: »Nun, ich mag
sie nicht. Und ich glaube, man sollte sie sehr, sehr vorsichtig
verhängen, nur für wirklich hinterhältige Verbrechen, so
zum Beispiel, wenn ein Polizeioffizier ermordet wird.« Mit
diesem letzten Satz zerstreut er die Bedenken der Offiziere
– eiskaltes Kalkül steckt dahinter.

Bill Clinton wird als Attorney General des Staates Arkansas gewählt, einem Posten, der am ehesten mit dem eines Justizministers zu vergleichen ist. Die Berufung 1977 in dieses Amt ist wieder eine weitere Sprosse auf der Karriereleiter Bill Clintons. Mit der ihm eigenen Konsequenz nutzt er diesen Posten zu häufigen öffentlichen Auftritten und hält dabei eine stattliche Anzahl von Reden und Ansprachen. Und er nimmt bereits die nächste Möglichkeit zum politischen Aufstieg wahr: 1977 läßt er einen Bericht des Justizministeriums drucken, der sein erstes Jahr in diesem Amt in schönsten Farben schildert. Es ist nichts anderes als eine Wahlkampfbroschüre. Damit läutet er den Sturm auf das Gouverneursamt ein. Mit sechzig Prozent der Wählerstimmen wird er in den Vorwahlen zum Kandidat der Demokraten gewählt. Wieder einmal ist der hervorragend organisierte Wahlkampf seine Stärke.

Doch in diesem Wahlkampf muß er sich heftiger Kritik ausgesetzt sehen. Er sei viel zu liberal und außerdem einer, der der Frauenemanzipation Vorschub leiste, wo doch nicht einmal seine Ehefrau seinen Namen trage. Er sei für die Legalisierung leichter Drogen und werde, wie vielfach angekündigt, den Waffenbesitz stärker kontrollieren. Mit solchen Kampagnen versuchen die Republikaner, Clinton im reaktionären Arkansas Stimmen zu rauben. Doch Clinton kontert geschickt. Er verkauft sich als der neue Politiker aus dem Süden, der für viele fortschrittliche Attribute steht. Er sei flexibel und modern. Zudem bedient er sich ungeniert der engen Beziehungen zum Weißen Haus: Er hatte 1976 den Wahlkampf von Jimmy Carter in Arkansas geleitet. Und im selben Jahr unterstützte seine Frau Hillary den Demokraten und Erdnußfarmer in der Primary in Indiana, der Vorwahl. Das Privatleben kommt in dieser Zeit wieder einmal zu kurz, doch beide haben ja das gemeinsame Ziel vor Augen – das Gouverneursamt für Bill.

Die Wähler lassen sich von Clintons Charisma überzeugen. Mit überwältigenden 63 Prozent der Stimmen gewinnt er den Wahlkampf gegen den Republikaner Lynn Lowe. Zum ersten Mal in seinem Leben tritt er vor das kleine »Weiße Haus« in Little Rock und kann zu den Bürgern von Arkansas als Gouverneur – in seinen später viel geschmähten Schachtelsätzen – sprechen:

»Wie jeder andere auch, werde ich versuchen, solche Entscheidungen zu treffen, die ich im Laufe meines Lebens, in dessen Verlauf ich mich bemühte, möglichst viel davon zu verstehen was den Zustand der Welt ausmacht, schätzen gelernt habe.

So lange ich denken kann, habe ich leidenschaftlich an die Sache der Chancengleichheit geglaubt, und ich werde alles mir Mögliche tun, diese zu verbessern.

So lange ich denken kann, habe ich den willkürlichen und schändlichen Gebrauch von Macht, von denen, die Autorität besitzen, mißbilligt, und ich werde alles mir Mögliche tun, dies zu verhindern.

So lange ich denken kann, habe ich immer die Verschwendung und die mangelnde Ordnung und Disziplin, die bei zu vielen Regierungsgeschäften offensichtlich herrscht, beklagt, und ich werde alles mir Mögliche tun, diese zu vermindern.

So lange ich denken kann, habe ich mir gewünscht, die Bürden des Lebens für diejenigen zu vermindern, die ohne eigene Schuld schwach und bedürftig sind, und ich werde alles mir Mögliche tun, ihnen zu helfen.

So lange ich denken kann, war ich von den vielen unabhängigen Industriearbeitern betrübt, die aufgrund mangelnder wirtschaftlicher Möglichkeiten zu viel für zu wenig Geld arbeiten, und ich werde alles mir Mögliche tun, diese zu vergrößern.

Heute beginnen wir von neuem damit, Politik zu machen und das in einer Zeit, die verwirrend ist, unsicher und manchmal schwierig zu verstehen. Erst vor kurzem mußten wir erneut erkennen, daß es Grenzen für die Handlungsfähigkeit einer Regierung gibt – Grenzen dafür, was Menschen unternehmen können. Wir leben in einer Welt mit begrenzten Ressourcen. Begrenztes Wissen und begrenzte Weisheit muß sich mit Problemen von wachsender Komplexität auseinandersetzen und wird mit starken Quellen von Macht, Reichtum, Konflikt und sogar Zerstörung konfrontiert, die wir nicht kontrollieren, und auf die wir nur wenig Einfluß ausüben können.

Laßt uns aus dieser Lektion nicht zu viel lernen, denn wenn wir uns zum Sklaven dessen machen lassen, was wir nicht tun können, vergessen wir jenes, was wir tun können und sollten. Wir sind ein Volk voller Stolz und Hoffnung, voller Visionen und gutem Willen und mit großen Arbeitskapazitäten. Wir haben die Aussicht – auf die wir so lange gewartet haben – auf ein Wirtschaftswachstum, das uns nicht dazu zwingt, unser Land zu verwüsten und so unser Erbe abzulehnen. Wir haben das unschätzbare Privileg, in einem Staat zu leben, in dem die Bevölkerung zahlenmäßig ausreichend klein und weit verstreut ist, mit Menschen aller Art, die sich nach wie vor gegenseitig kennen und vertrauen, die noch immer an das Gemeinwohl glauben und gemeinsam dafür arbeiten.

Wir haben die Gelegenheit, eine Zukunft zu schmieden, die bemerkenswerter, reicher und erfüllender für die Bevölkerung von Arkansas sein wird, als unsere stolze Vergangenheit. Wir dürfen diese Gelegenheit nicht vergeuden.

Es gibt viel zu tun.

Im Erziehungswesen haben wir zu lange zu wenig für die einzelnen Studenten und für die Gehälter der Professoren aufgewendet. Wir müssen versuchen, dies zu ändern. Dennoch müssen wir uns dessen bewußt sein, daß eine bessere Erziehung nicht allein von mehr Geld abhängig ist.

Die finanziellen Mittel müssen aber ein Teil des Plans sein, der eine größere Verantwortlichkeit und bessere Einschätzung von Schülern und Lehrern beinhaltet, ebenso wie eine gerechtere Verteilung der Hilfe, eine sinnvollere Organisation der Schulbezirke und die Anerkennung dessen, daß nach wie vor viel für Kindergartenprogramme und Begabtenförderung unternommen werden muß.«

Krisen, Kind und Kokain

Vom harten Weg des Erfolges

Wie in den USA üblich, legt Bill Clinton erst nach einigen Wochen, am 10. Januar 1979, seinen Amtseid als Gouverneur des Staates Arkansas ab. Ort des Geschehens ist der Abgeordnetensaal des Kapitols von Little Rock, der Hauptstadt des Südstaates. Seine Ziele sind hoch gesteckt: Er steht für eine neugeordnete und verstärkte Wirtschaftsförderung, für Chancengleichheit, er kündigt Steuererleichterungen für ältere Menschen, sozial Benachteiligte und langfristig auch für den Mittelstand an, und er will vor allem das Bildungssystem in Arkansas modernisieren. Darauf legt er besonderen Wert. Freunde von ihm behaupten, daß er dieses Ziel schon als College-Student im Visier hatte.

Das politische Ansinnen seines Teams, das sich selbst – frei nach König Arthur – die Ritter der Tafelrunde nennt, ist sehr idealistisch. Doch keiner weiß so genau, wie Politik umgesetzt werden kann und muß. Pragmatisch fehlt es dem Team um Bill Clinton an allen Ecken und Enden. Schon nach kurzer Regierungszeit gibt es in dem kleinen Staat kaum eine Organisation, kaum einen Verband, kaum ein Versorgungsunternehmen oder einen Wirtschaftsboß, der über die »Tafelrunde« nicht verkrätzt ist. Noch kein Gouverneur in Arkansas hat es bislang geschafft, es sich in so kurzer Zeit mit allen Meinungsführern und relevanten Persönlichkeiten zu verscherzen. Eine gehörige Portion Arroganz steckt hinter diesem ungeschickten Verhalten. Ein miserables Verhältnis zur in Little Rock ansässigen Presse – die größte Tageszeitung ist traditionell republikanisch – führt obendrein noch zu einem täglichen Kleinkrieg zwischen den Zeilen.

Sein ehrgeizigstes Ziel, die Bildungsreform, muß Clinton in dieser ersten Amtsperiode schon frühzeitig begraben. Er zieht die geplante Gesetzesvorlage zurück, als er feststellen muß, daß er für die Finanzierung seiner Vorhaben keine parlamentarische Zustimmung erhalten wird. Die einzige Neuerung im Bildungssystem in dieser ersten Regierungszeit bleibt die Einführung der »National Teacher Examination«. Neu eingestellte Lehrer werden ab sofort in Arkansas einer Prüfung unterzogen. Festgestellt werden soll, ob sie denn auch wirklich den Anforderungen des Lehrerberufes genügen. Arkansas ist allerdings einer der letzten Staaten in den USA, der diese Prüfung gesetzlich einführt – also auch das kein großartiger Erfolg.

Clinton macht für das Scheitern der Bildungspolitik aber nicht sein undiplomatisches Verhalten verantwortlich, sondern sieht allein die Finanzierung als das Problem an: »Ich hatte Verbesserungen erhofft, aber die Finanzen haben uns einen Strich durch die Rechnung gemacht.« Dazu muß man wissen, daß die Gesetze von Arkansas keine Staatsausgaben zulassen, wenn diese Vorhaben den Haushalt sprengen könnten. Die Finanzierung der Bildungsreform hätte eine ganze Reihe von Steuererhöhungen erfordert, die einfach nicht durchzusetzen waren. Schon in diesen Jahren wird für ihn der Spitzname »Slick Willy«, der »glitschige, aalglatte Willy« geprägt. Mit dem Prädikat »Slick Willy« wirft man ihm vor, daß er es allen recht machen möchte, er nach allen Seiten Zugeständnisse macht, sich immer irgendwie so durchlaviert und daß er, je nach politischer Großwetterlage, sein Fähnchen in den Wind hängt – ganz egal, was er vorher behauptet hatte.

Politisch muß er nach den zwei Jahren der ersten Legislaturperiode eine negative Bilanz ziehen: Eine taktisch ungeschickte Gebührenerhöhung für Autozulassungen, die Einquartierung kubanischer Flüchtlinge in Arkansas, die auf die Ablehnung der Einwohner stößt, und eine katastrophale Dürre, die dem Farmland stark zusetzt, sind letztlich das Tüpfelchen auf dem ›i‹. Und nicht einmal seine frühere Stärke, die Wahlkampfführung, kommt zu Beginn des Wahlkampfes zum Tragen. Der Gouverneur Clinton denkt hochnäsig über seine Konkurrenten. Diese könnten ihm doch nicht das Wasser reichen, glaubt er, und betreibt den Wahlkampf nur halbherzig. Zwar schlägt Clinton bei den Vorwahlen den demokratischen Herausforderer Monroe Schwarzlose, aber bei weitem nicht mit dem deutlichen Ergebnis wie erwartet. Das hätte für ihn eigentlich ein Warnsignal sein müssen. Doch Clinton ist nach dieser ersten Periode so von sich überzeugt, daß er alle Warnungen in den Wind schlägt.

Während des Wahlkampfs, am 1. Juni 1980, bricht auch noch ein Aufstand kubanischer Flüchtlinge aus, der nur mit Waffengewalt beendet werden kann. Im August teilt Präsident Carter mit, daß erneut 10.000 Kubaner nach Arkansas geschickt werden. Die Bürger von Arkansas rebellieren gegen diese Entscheidung. Auch stecken die Demokraten landesweit in der Krise – Reagan gewinnt immer mehr an Boden gegenüber Carter. Und die Politik in Washington hat natürlich auch ihre Auswirkungen auf den Staat Arkansas.

Zudem ist Hillary ein Dorn im Auge der konservativen Südstaatler. Immer noch trägt sie ihren Mädchennamen selbstbewußt zur Schau, verdient zum damaligen Zeitpunkt bereits das Doppelte ihres Mannes, dem Gouverneur (!), und, was dem Faß den Boden ausschlägt, sie legt auf ihr Äußeres keinen allzu großen Wert. Die Toleranz der Bewohner Arkansas' wird von ihr schon sehr hart auf die Probe gestellt. Die unförmigen Sweatshirts und die selbstgestrickten Pullis, die millimeterdicke, intellektuelle Froschaugenbrille, ja, und nicht zu vergessen, das fast schon

Kompromißlos für die Rechte der Kinder. Hillary Clinton im Kreise ihrer Schützlinge. (pandis media/scope features)

provokative Stirnband wirken auf die Ländler in Arkansas wie das rote Tuch auf einen wildgewordenen Stier in Pamplona. Schon damals gilt sie als Erzfeministin. Sie sieht zu diesem Zeitpunkt auch gar nicht ein, etwas an ihrer Auffassung zu ändern. Zum Vorwurf, sie sei eine Feministin, äußert sie Jahre später dann immer noch: »Als ich das letzte Mal im Lexikon nachschlug, stand da unter Feministin in etwa: ›Jemand, der/die an gleiche politische, gesellschaftliche und wirtschaftliche Rechte für Frauen glaubt.‹ Ich nehme nicht an, daß viele Amerikaner mit dieser Definition Probleme haben.« Damals kostet sie Bill Clinton noch zusätzlich Stimmen – ein weiterer Grund für die bevorstehende Niederlage.

Clinton bekommt aber in erster Linie die Quittung für seine in den vergangenen zwei Jahren betriebene Politik und für seine Arroganz. Ende 1980 steht fest, daß zum ersten Mal seit 26 Jahren ein amtierender Gouverneur eine Wahlniederlage erlitten hat. Der republikanische Herausforderer Jack White wird mit knapp 52 Prozent der Stimmen zum Gouverneur gewählt.

Für Bill Clinton bricht eine Welt zusammen. Die Niederlage empfindet er als schallende Ohrfeige. Er zieht sich in den Schmollwinkel zurück und tritt eine Stelle in einer Anwaltssozietät in Little Rock an. Er sucht die Fehler bei sich selbst, wirft sich mangelndes Selbstbewußtsein vor, wird depressiv. Tagelang grübelt er über sich nach und zieht sich völlig aus dem öffentlichen Leben zurück. Auch Hillary gelingt es nicht, ihn sofort wieder zu motivieren, ihm genügend Halt zu geben. In dieser Zeit beginnen auch die Gerüchte um Affären mit anderen Frauen. Es kommt zu einer Ehekrise, selbst Drogenprobleme werden ihm nachgesagt. Gute Freunde von Bill bestätigen später, daß er in dieser Zeit sogar ein bißchen verrückt war.

Das einzig positive Ereignis des Jahres kann er im Privatleben verzeichnen: Am 27. Februar 1980 wird seine Tochter Chelsea Victoria Clinton geboren. Doch nicht einmal seine kleine Tochter kann ihn in den ersten Wochen nach seiner Niederlage von seinen depressiven Gedanken zurückholen. Auch der berufliche Erfolg seiner Frau, die im Frühjahr in der Anwaltskanzlei »Rose Law Firm« in Little Rock als Partner aufsteigt, kann ihn nicht kurieren. Hillary beschließt, ihn auf andere Gedanken zu bringen, und bucht eine Reise nach Israel. Um Chelsea kümmert sich in dieser Zeit die Schwiegermutter. Die Familie hält zusammen. Im Heiligen Land kommt Bill langsam wieder zu sich. Mühsam, aber stetig bringt ihn Hillary wieder auf die Schienen des Erfolges zurück. 1981 holen sie Bestsey Wright nach Little Rock, die beide von der McGovern-Kampagne her kennen. Betsey Wright organisiert den neuen Ansturm auf den Capitol Hill in Little Rock. Zwei Jahre lang kämpfen Bill und Hillary fast ausschließlich darum, den Gouverneurssitz wieder zurückzuerlangen. Kaum kann die kleine Chelsea sprechen, antwortet sie auf die Frage, wo denn die Mama sei: »Mama weg, Rede macht.«

Diesmal kostet Hillary ihrem Mann keine Stimme, son-

Die zweite Frau im Leben Bill Clintons:
Tochter Chelsea. (Süddeutscher Verlag/AP/Savoia)

dern sie entwickelt sich zu seiner besten Wahlkämpferin. Ohne großes Aufsehen und ohne ihren Mann vorab zu informieren, ändert sie ihren Familiennamen: Aus Hillary Rodham wird Hillary Clinton. Auch an ihrem Äußeren arbeitet sie. Sie besorgt sich Kontaktlinsen, läßt sich ihr Haar blondieren, und entwickelt auf einmal einen unglaublichen Spürsinn für modische Kleidung. Bill Clinton erholt sich politisch sehr schnell. Schon im Februar 1982 informiert Clinton die Bevölkerung in einem Werbespot darüber, daß er wieder kandidieren werde. Er habe aus seinen Fehlern gelernt, lautet sein Fazit. Erst nach der Ausstrahlung des Fernsehspots informiert er die Demokraten über seine neue Kandidatur – diese untypische Reihenfolge ist ein Paukenschlag, mit dem er den erneuten Wahlkampf beginnt. Bei den Vorwahlen der Demokraten reicht es gegen Joe Purcell allerdings nur zu einer Stichwahl, die Clinton jedoch gewinnt. Er kann ein weiteres Mal gegen Jack White, der als Gouverneur auch nicht gerade erfolgreich die Geschicke Arkansas steuerte, antreten.

Im selben Jahr heiratet seine Mutter ihren vierten Mann, Dick Kelles, einen angesehenen Makler aus Little Rock, der die Aussöhnung zwischen dem Ex-Gouverneur und der Geschäftswelt vorantreibt. In einem harten und sehr persönlich geführten Wahlkampf, von dem die Presse behauptet, er ähnele einer Schlammschlacht, gelingt Clinton die Revanche: Mit 54,7 Prozent der Stimmen schlägt er Jack White. Er ist wieder Gouverneur. Er ist wieder da. Das »Comeback-Kid« triumphiert wieder.

Bill Clinton stürzt sich mit vollem Elan auf sein Lieblingskind, die Bildungspolitik. Hillary Clinton wird Vorsitzende des Kommissionsausschusses, der die Mindestanforderungen an das Schul- und Bildungssystem ausarbeiten soll. Doch Hauptproblem bleibt die Finanzierung des Programms. Im Oktober 1983 versucht er in einer Sondersit-

Chancengleichheit ist für Hillary Clinton nicht nur ein Schlagwort. <small>(pandis media/scope features)</small>

zung, die sogar im lokalen Fernsehsender live übertragen wird, die Öffentlichkeit für sein Steuer- und Ausbildungsprogramm zu begeistern. Doch ohne Erfolg: Das umfangreiche Steuerpaket wird in fast allen Punkten abgelehnt. Nur einer Erhöhung der Mehrwertsteuer wird zugestimmt. Clinton kann sie um ein Prozent anheben, dabei nutzt er allerdings eine Lücke im Gesetz des Staates Arkansas. Nicht einmal einen Ausgleich für einkommensschwache Familien sieht diese Steuererhöhung vor – eine sehr pragmatische und konservative, gar nicht liberale Steuerpolitik. Clinton muß sich wieder den Vorwurf, er sei eben »Slick Willy«, gefallen lassen. Und auch mit der umstrittenen Lehrerprüfung für alle angestellten Lehrer im Staat macht er sich keine Freunde. Am 31. Oktober bringt er diesen Beschluß jedoch durch beide Häuser des Parlaments. Die Lehrer opponieren, sie fühlen sich ungerecht behandelt.

Hillary macht sich in der Zwischenzeit als Vorsitzende des nationalen Komitees zur Festlegung des Erziehungsstandards in Arkansas auch über die Grenzen des »Hühnerstaates« hinaus einen Namen. Mit dem urdemokratischen Ansatz, daß jeder Bürger im Staate ein Anrecht auf Erziehung hat, geht sie die Sache an. Sie reist durch den ganzen Staat, besucht jede Schule, jeden Kindergarten und mustert die Bildungseinrichtungen aller fünfundsiebzig Bezirke. Jeder Mißstand wird akribisch notiert. Zwar ist die Zahl der High-School-Diplome seit den fünfziger Jahren angestiegen, doch die Rate der vorzeitigen Abgänge ohne Schulabschluß nimmt Anfang der achtziger Jahre ebenso dramatisch zu. Hillary Clinton muß feststellen, daß die Qualität des Unterrichts nicht gerade vorbildlich ist, und die Ausbildung der Lehrer zu wünschen übrig läßt. In den ersten Monaten, in denen der Ausschuß arbeitet, wird eine landesweite Studie veröffentlicht: »Nation at a Risk«.

Die Studie malt das Abrutschen der USA in die Mittelmäßigkeit aufgrund mangelnder Ausbildung als Schreckgespenst an die Wand. Der Zustand der öffentlichen Schulen wird beklagt. Auf einmal ist es in vielen Staaten en vogue, die Kontrolle über die Schulen zu verschärfen. Oft wird den Kommunen sogar die Aufsicht über die Schuleinrichtungen entzogen. So weit geht Hillary Clinton nicht. Sie fordert neue Anforderungen an Lehrplan und Lehrer, längere Vorlesungszeiten und standardisierte Tests zur Überprüfung von Leistung. Dabei bezieht sie sich immer auf die Studie. Mit ihrer Forderung nach einer Prüfung für alle Lehrer in Arkansas, auch die bereits festangestellten, begibt sie sich jedoch in den Clinch mit den Lehrergewerkschaften.

Nebenbei findet Hillary Clinton auch noch die Zeit, an ihrer Karriere weiterzustricken. Sie steigt im amerikanischen Kinderschutzbund, dem »Children Defense Fund«, stetig nach oben, wird später sogar dessen Vorsitzende und steckt eine Menge Energie in ihre anwaltliche Arbeit. Immer mehr spezialisiert sie sich im Bereich des Kinderrechts. Permanent fordert sie die Rechte der Kinder ein und prangert an, daß nach der US-amerikanischen Rechtslage Kinder vor dem Gesetz unmündig sind. Eine für sie nicht hinnehmbare Rechtssituation.

»Wie wir unsere Kinder behandeln, sollte Dreh- und Angelpunkt unseres nationalen Programms sein. Ich möchte ein Sprachrohr für die Kinder sein.«

Aufgrund dieses Engagements wird Hillary Clinton mit scharfer Munition von rechts beschossen. Man wirft ihr vor, daß sie Kinder dazu anstachelt, ihre Eltern vor Gericht zu schleppen und, daß sie dafür mitverantwortlich sei, daß die traditionellen Werte der amerikanischen Familie zunehmend verfallen. Doch Hillary Clinton schert sich nicht sonderlich um solch unqualifizierte Äußerungen und läßt sich in ihrem Elan nicht bremsen. Den Lohn, zumindest für die erfolgreiche Arbeit als Rechtsanwältin, erhält sie in der zweiten Hälfte der achtziger Jahre. Zweimal wird sie in die Liste der hundert Top-Anwälte Amerikas aufgenommen, die alljährlich im »National Law Journal« veröffentlicht wird. 1987 wird sie auch noch Vorsitzende des Ausschusses für berufstätige Frauen in der amerikanischen Anwaltskammer. Neben ihrer Arbeit als Anwältin, Politikerin, Ehefrau und Mutter findet sie sogar noch die Zeit, im Aufsichtsrat von fünf Firmen mitzumischen. Ein Unternehmen, eine Einzelhandelskette, wird auch in die Liste der US-Unternehmen aufgenommen, bei denen es sich lohnt, zu arbeiten. Es ist faszinierend und für viele beängstigend, was diese Frau leistet.

Im Jahr 1984 geht ihr Mann Bill Clinton zum vierten Mal in ein Rennen um den Gouverneursposten in Arkansas. Er gewinnt die Wahl gegen den Republikaner Woody Freeman deutlich mit 64 Prozent. Diesmal sind es nicht der Wahlkampf und die schmutzigen Tricks der Herausforderer, die ihm das Leben schwer machen, sondern Familienprobleme, die ihn in Bedrängnis bringen.

Eines Tages im Juli 1984 besucht ihn ein hoher Beamter der Staatspolizei und teilt ihm mit, daß sein 28jähriger Bruder verdächtigt wird, in den illegalen Rauschgifthandel verstrickt zu sein. Roger scheint nach den Informationen der Polizei, auch selbst abhängig zu sein. Bei dem Versuch, eine Karriere als Rocksänger zu starten, war Roger in die falschen Kreise geraten. Auf die Frage, ob die Polizei Roger Clinton weiter observieren soll, antwortet Bill Clinton, ohne zu überlegen: »Natürlich. Keine Sonderbehandlung. Verhaften Sie ihn, wenn er sich etwas hat zuschulden kommen lassen.« Im August wird Roger Clinton mit ein paar Gramm Kokain in der Tasche verhaftet.

Bill Clinton geht an die Presse: »Dies ist eine Zeit voller Schmerz und Trauer für mich und meine Familie. Mein Bruder ist offensichtlich in Drogengeschichten verwickelt, ein Fluch, der mittlerweile die Ausmaße einer Epidemie erreicht und das Leben von Millionen von Familien unserer Nation eingeholt hat, viele davon in unserem eigenen Bundesstaat. Ich liebe meinen Bruder und werde ihn trösten, aber dennoch möchte ich, daß sein Fall ganz genauso wie jeder ähnliche Fall behandelt wird.« Anfänglich leugnet Roger den Tatverhalt. Bill Clinton besucht ihn im Gefängnis und rät ihm, seine Schuld zuzugeben, ansonsten würde er für die Höchststrafe, zehn Jahre, plädieren.

»Du verstehst nichts«, sagt Clinton zu ihm. »Wenn Du nicht abhängig bist, möchte ich, daß Du für zehn Jahre ins Gefängnis gehst. Du hast für Geld anderen Körpern Kokain

Roger Clinton (dpa)

eingeflößt. Du bist mein Bruder und ich liebe Dich, aber, wenn das so ist, möchte ich, daß Du für lange, lange Zeit verschwindest.« Roger gibt alles zu. Er wird zu einer Gefängnisstrafe von über einem Jahr verurteilt.

Die familiären Probleme stürzen Clinton wieder in Depressionen. Er glaubt von sich, daß er den Ansprüchen seiner Frau und denen seines Postens nicht mehr genügt. Wieder zweifelt er an sich selbst – die zweite schwierige Periode im Leben des Billary-Teams. Die Gerüchte über außereheliche Affären flammen erneut auf. In diese Zeit fällt auch die Geschichte von Connie Hamzy, die Anfang 1990 im Penthouse über eine Liebesaffäre mit Gouverneur Bill Clinton berichtet. Hamzy behauptet darin, der Gouverneur habe sie 1984 in einem Hotel verführt. Clinton dementiert diese Affäre im Wahlkampf 1992. Er schildert die Sache anders: »Hamzy hat sich im Hotel das Bikini-Oberteil vom Leib gerissen und mir zwischen die Beine gegriffen.« Er selbst sei sofort nach diesem »Anschlag völlig verstört auf und davon«.

Mögen die Frauengeschichten stimmen oder nicht, Tatsache ist, daß Bill Clinton eine schwere Zeit durchmacht. Hillary Clinton sieht die Probleme ihres Mannes.

»Das Ganze stürzte Bill in eine noch viel tiefere Krise, als die Niederlage 1980.«

Nach mehr als einem Jahr wird Roger aus dem Staatsgefängnis entlassen. In der Zwischenzeit ist er alkoholabhängig geworden. Ihm muß geholfen werden. Bill, Roger und ihre Mutter, zeitweise sogar Hillary, unterziehen sich einer sehr schmerzhaften Familientherapie.

»Wir waren zwei Archetypen von Kindern aus Alkoholiker-Familien und ich mußte lernen, meine Sucht nach Harmonie, die ich als Kind entwickelte, unter Kontrolle zu halten. Ich war mit sechzehn Jahren schon vierzig. Ich lernte dort eine Menge über mich selbst. Mehr als ich hinter mir vermutet hätte«, schätzt Bill Clinton, nachdem alles vorbei ist, diese Monate ein. Der Therapeut erzählt ihm, daß die Grenze zwischen dem Wunsch, ein Rockstar zu werden, so wie es sein Bruder Roger wollte, und dem Wunsch, ein

Gouverneur zu sein, nur sehr, sehr schmal ist. Während der fast dreijährigen Therapie müssen alle Familienmitglieder erkennen, daß das Aufwachsen in einem Haushalt mit einem alkoholkranken Familienoberhaupt, ihr Leben nachhaltig beeinflußt hat. Es hat keinen Sinn, diese Tatsache zu leugnen oder zu verdrängen. Seine ungelöste und verdrängte Vergangenheit war oft die Ursache für die von Bill Clinton häufig verspürte Unausgeglichenheit.

Die langjährige Freundin und Managerin von Bill Clinton, Betsey Wright, sieht die Jahre nach 1984 so:

»Er holte einiges aus sich heraus, was er unterdrückt hatte, und fing an zu verstehen, warum er so ist, wie er ist – und warum er es nötig hat, geliebt zu werden.«

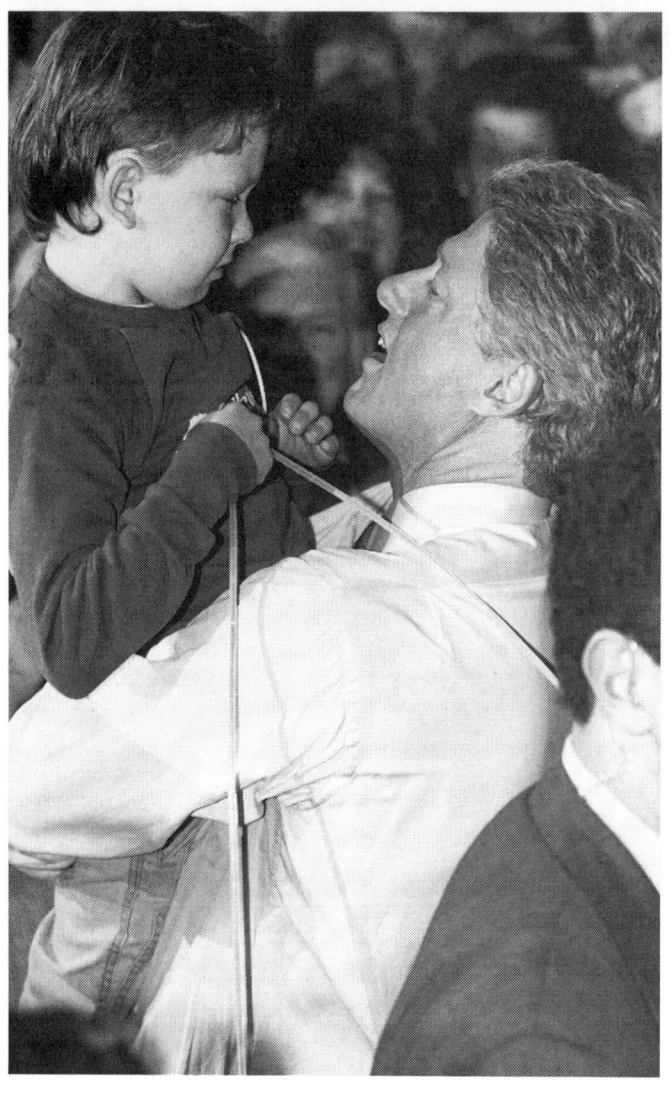

Engagement für die Kleinen – Seine eigene Kindheit machte
ihm zu schaffen. (dpa)

Auf nach Washington

Von Aussichten und Außenseitern

»Ich denke, jede Krise im Leben ist eine Prüfung für den eigenen Charakter. Es ist nicht entscheidend, was einem im Leben passiert. Es kommt darauf an, wie man damit umgeht.« Bill Clinton hat es gelernt, mit Krisen umzugehen, und er übersteht auch diese – das »Comeback-Kid«, oder – wie man im Deutschen sagt – das Stehaufmännchen, ist wieder da. Weder das Lehrerprüfungsgesetz noch die privaten Turbulenzen können ihn von seinem Weg abbringen. Am 23. März 1985 legen über 25.000 Lehrer die umstrittene Prüfung ab, ein angedrohter Boykott ist somit gescheitert. Clinton hat in diesem Punkt gesiegt. Er hat die Schwierigkeiten gemeistert und sich im Gouverneursamt behauptet.

»Es war sehr gut für mich, daß ich zu dieser Zeit bereits Gouverneur war, weil ich so gezwungen war, mit einigen meiner Schwächen umzugehen. Ich wurde gezwungen, zu lernen, Konflikte zu meistern. Ich wurde gezwungen, harte Entscheidungen zu treffen.«

Nach diesem Sieg in der Bildungspolitik führt Clinton seine Amtsgeschäfte sauber, aber recht unspektakulär. Die Familie rückt mehr in den Mittelpunkt seines Lebens – der offensichtliche Grund: die Tochter Chelsea.

»Während ich im Kreißsaal stand, wurde ich von dem Gedanken überwältigt, daß Gott mir eine Gnade geschenkt hatte, die mein eigener Vater nie kennengelernt hat – die Chance, mein Kind in den Armen zu halten.«

Die rothaarige Chelsea, die man heute durchaus als das Idealbild der pubertierenden US-Zahnspangen-Mädchen bezeichnen könnte, hat ihren festen und – nach Aussagen beider – den wichtigsten Platz im Leben von Hillary und

Bill Clinton. Zwar gibt es eine Haushälterin und früher gab es auch eine Babysitterin, die immer auf Abruf bereitstand, aber selbst wenn die Ehegemeinschaft Clinton auf Polittour unterwegs ist, nimmt sich zumindest die Mutter abends immer noch soviel Zeit, daß sie sich, oft stundenlang am Telefon, den Alltag, die Probleme sowie die Freuden ihrer Tochter anhört und mit ihr darüber redet oder sogar per Fax die Hausaufgaben korrigiert.

»Ich habe mich immer sehr stark bemüht, die Verpflichtungen, die ich gegenüber meiner Tochter habe, vor alles andere zu stellen. Eine Sache war für mich sehr wichtig. Ich wollte ihr nicht nur die Unterstützung, die sie brauchte geben, sondern auch die Zeit. Im Rückblick weiß man natürlich nie sicher, ob man genau das richtige getan hat – Mütter, die zu Hause bleiben, Mütter, die außer Haus gehen, alle von uns machen sich immer Sorgen, ob wir etwas hätten anders machen sollen, als wir es getan haben. Eine Sache, die ich völlig aufgegeben habe, ist Zeit mit Freunden zu verbringen. Wir unterhalten uns am Telefon und versuchen uns zu besonderen Gelegenheiten zu sehen. Aber ich konnte einfach kein aktives soziales Leben aufrechterhalten und daneben all die anderen Dinge tun«, so sieht Hillary Clinton in einem Interview mit der Zeitschrift »Time« ihr Leben mit ihrer Tochter Chelsea.

Die durch die häufigen Wahlkämpfe oder politischen Verpflichtungen auseinandergerissene Familie ist für alle Clintons die schrecklichste Nebenwirkung des Berufs des Vaters.

Während der Ochsentour um das Präsidentenamt im Weißen Haus, der sich das Billary-Team fast ausschließlich gemeinsam unterzog, machte ihnen die Trennung von ihrer Tochter am meisten zu schaffen.

»Das ist das schlimmste am Wahlkampf. Nie zuvor haben wir so wenig Zeit ohne unsere Tochter verbracht«,

Durch dick und dünn – Das Dreiergespann Clinton
hält zusammen. (dpa)

diktieren beide fast unisono in die Aufnahmegeräte der
Journalisten.

Zu Hause regelt vor allem Hillary Clinton die Angelegenheiten ihrer Tochter. In Little Rock fuhr sie Chelsea
jeden Tag im blauen Oldsmobile zur öffentlichen Schule.
Der Terminkalender der First Lady von Arkansas und der
erfolgreichen Anwältin der »Rose Law Firm« war nach
Aussagen einiger Freunde immer voll mit Terminen ihrer
Tochter: Ballett, Schulaufführung, Arzt, Geburtstag der

Freundin und und und... Das Erstaunliche dabei: Hillary Clinton versäumte bisher noch keinen einzigen.

Oft gingen Hillary und Bill Clinton nicht einmal zusammen aus, damit einer bei der Tochter bleiben konnte. Dadurch entstand eine vergnügliche Situation: Auf einem Empfang wurde Hillary darauf angesprochen, wo denn ihr Mann sei. Es war genau zur Zeit der Flowers-Affäre, und die Zeitungen und Zeitschriften waren voll mit der angeblichen Untreue ihres Mannes. Hillary Clinton spürte die Neugierde hinter der Frage und antwortete nur kurz angebunden: »Er ist bei seiner anderen Frau.« Ringsum machte sich betretenes Schweigen breit. Die Zuhörer sahen sich vielsagend an. Nachdem sie ein wenig Zeit verstreichen ließ, gab Mrs. Clinton jedoch des Rätsels Lösung bekannt: »Natürlich bei seiner Tochter, was dachten Sie denn?«

»Zu Kindern muß man wie zu Erwachsenen reden«, ist die Ansicht von Hillary Clinton, und so wurde auch die Kandidatur des Vaters mit Chelsea vorher besprochen. Auf die Frage, wie sie den Wahlkampf denn angehen würde, antwortete die damals Elfjährige: »Ich würde einfach vor die Leute hintreten und sagen: ›Ich habe gute Arbeit geleistet – wählt mich‹.«

So wurde auch die Flowers-Affäre vor Chelsea nicht verheimlicht, sondern ihre Eltern bezogen sie von Anfang an in die Sache mit ein.

»Seit sie sechs oder sieben Jahre alt war, haben wir immer mit ihr über Wahlkampagnen und all die Dinge, über die die Leute reden, gesprochen. Sie und ich waren letzte Woche im Supermarkt, als die Geschichte in einem von diesen Supermarkt-Revolverblättern herauskam. Ich sagte: ›Also, Chelsea, paß auf. Viele von diesen Magazinen erzählen irgendwelche Geschichten über Deinen Dad.‹ Wir haben immer versucht, auch mit ihr ehrlich zu sein. Wir

112

wollen, daß sie sich dazugehörig fühlt, und daß wir sie nicht von irgendetwas abschotten, was sie vielleicht hintenherum über Freunde in der Schule, durchs Fernsehen oder in einer Supermarktschlange erfährt. Und sie ist sich voll bewußt, daß in einem Wahlkampf Menschen Dinge übereinander erzählen, die nicht wahr sind und auf falschen Anschuldigungen basieren. Wir begannen sie bereits 1986 darauf vorzubereiten, als Bill seinen ersten Ausscheidungskampf vorbereitete und Orval Faubus einer seiner Gegenspieler war. Ich erinnnere mich, daß Chelsea damals alt genug war, um den Fernseher einzuschalten und aufmerksam zuzuhören. Eines Abends saßen wir beim Essen und ich sagte ihr: ›Dein Daddy wird wieder als Gouverneur kandidieren. Und wenn Leute für so ein Amt kandidieren, gibt es immer andere Leute, die schlechte Dinge über sie erzählen.‹ Ihre Augen wurden richtig groß – sie konnte sich das einfach nicht vorstellen.«

In einem der wenigen Interviews, die Chelsea bisher gab, sagte sie auf die Frage, ob es sie störe, wenn über ihren Vater geredet wird: »Wenn sie über meinen Papa im Fernsehen schlecht reden, gehe ich aus dem Haus.«

Und ohne sich groß ins Reich der Spekulationen zu begeben, soviel kann man auch als Außenstehender ohne Risiko behaupten: Chelsea war, ist und bleibt auch im Weißen Haus der Mittelpunkt der Familie Clinton. Doch zurück ins Arkansas Ende der achtziger Jahre.

Der nächste Wahlkampf 1986 ist für Bill Clinton wieder von besonderer Bedeutung. In Arkansas wurden die Gesetze geändert: Die Zeit für die neue Regierungsperiode soll fortan vier Jahre betragen. Für Clinton steht eine neue Kandidatur außer Frage und er setzt sich auch sehr deutlich bei den Vorwahlen der Demokraten durch. Doch schon jetzt machen die Gerüchte um eine mögliche Präsidentschaftskandidatur Clintons die Runde. Clinton muß reagieren, die

Gerüchte wegen der Wahl zumindest vorerst aus der Welt schaffen: Im September 1986 entscheidet er sich erst einmal gegen eine Präsidentschaftskandidatur und für das Gouverneursamt in Arkansas. Ähnlich wie die vergangene Regierungsperiode verläuft auch dieser Wahlkampf: unspektakulär. Mit 64 Prozent der Wählerstimmen schlägt er deutlich seinen Herausforderer Jack White, gegen den er 1980 verloren hatte. Nach der Wahl äußert er in Interviews, daß dies wahrscheinlich seine letzte Amtszeit als Gouverneur sein werde.

Und Clinton bereitet seinen Start in die Bundespolitik mit der nötigen Akribie vor. Er wird national ungemein aktiv, übernimmt den Posten als Vorsitzender der National Governor Association und wird schon unter der Hand als neuer Präsidentschaftskandidat der Demokraten für 1988 gehandelt. Doch das stößt in Arkansas auf wenig Gegenliebe: Er solle doch erst seine Amtszeit anständig hinter sich bringen und außerdem zweifele man an seiner Befähigung als Präsident, so die massiven Kritiken. Der Druck auf Clinton wird zu groß. Als dann wirklich jeder darauf wartet, daß Clinton seine Bereitschaft, als Präsident zu kandidieren, bekanntgibt, lassen die Clintons die Bombe bei einem Abendessen platzen: Er hat sich entschlossen, nicht zu kandidieren, gibt er bekannt. Chelsea sei erst sieben Jahre alt und könne den ganzen Streß nicht so einfach wegstecken. Hillary und er haben sich entschlossen, auf ihre Tochter Rücksicht zu nehmen. Mit einem einfachen »Sorry« beendet er die Spekulationen um seine Kandidatur.

Dieser Entscheidung vorausgegangen, war eine kleine Familienepisode: Hillary und Bill redeten mit ihrer Tochter über die Präsidentschaftskandidatur ihres Vaters. Hillary wieß ihre Tochter daraufhin, daß sich damit einiges im Leben der Familie ändern wird: »Es kann sein, daß wir alleine in den Urlaub fahren müssen. Papa kandidiert als

Mit Volldampf voraus: Die mißlungene Rede für
Michael Dukakis bügelt Clinton durch Showbusiness
wieder aus.

(dpa/AFP)

Präsident und wird sehr wenig Zeit haben.« Chelsea zieht
sich etwas beleidigt zurück und antwortet trotzig: »Gut,
dann fahren wir eben allein.« Bill Clinton, der neben seinen
zwei Frauen sitzt, ist tief getroffen. So zumindest soll es
sich nach der Version des späteren Wahlkampfteams abge-
spielt haben. Am 15. Juli 1987 nimmt Clinton aus diesen
Gründen offiziell von einer Kandidatur Abstand.

Er stellt sich Michael Dukakis, dem Präsidentschaftskandidaten der Demokratischen Partei, zur Verfügung und
hält am 20. Juli 1988, nach den Primaries, die Einführungs-

rede beim Nationalkonvent der Demokraten in Atlanta. Diese Rede soll ihm noch lange nachhängen. Sie gerät zur Katastrophe für Bill Clinton: Viel zu lang, nichtssagend, schlichtweg gähnend langweilig. Seine Ansprache ruft den Unmut der Delegierten hervor. Sie brüllen ihn förmlich vom Pult und fordern lautstark Michael Dukakis. Für Clinton ist das eine Erfahrung, die er so vorher noch nie gemacht hatte. Diesmal zieht er sich jedoch nicht in den Schmollwinkel zurück, sondern wagt den Schritt nach vorn. Kurz darauf tritt er in der Carson-Show »Tonight« auf. Er beweist Humor, nimmt sich selbst auf die Schippe und sogar live das Saxophon in die Hand und spielt ein paar Töne. Dieser kurze Auftritt wiegt den Mißerfolg wieder auf: Er hat die Herzen der Amerikaner zurückerobert.

Ende 1989 nimmt er die Herausforderung eines weiteren Gouverneur-Wahlkampfes an; auch wenn in ihm das Feuer nicht mehr so brenne wie früher, wie er selbst betont. Der Wahlkampf wird wieder mit härteren Bandagen geführt. Gegner und Presse stürzen sich auf das Privatleben des Gouverneurs. Gerüchte um sein Liebesleben machen abermals die Runde. Zum ersten Mal taucht in diesem Zusammenhang der Name Gennifer Flowers auf. In einem Gerichtsverfahren wird behauptet, sie habe neben anderen Frauen ein Verhältnis mit dem Gouverneur gehabt. Noch dementiert dies der Anwalt von Gennifer Flowers auf das heftigste. Aufgrund dieser persönlichen Vorwürfe gewinnt er nur knapp die Vorwahlen der Demokraten. Die nächste Schlammschlacht gegen den Republikaner Sheffield Nelson ist vorprogrammiert. Doch Clinton übersteht die persönlichen Angriffe, die teilweise unter der Gürtellinie landen, einigermaßen unbeschadet. Er hat auch gute Argumente auf seiner Seite: Während seiner Amtszeit ist das Bildungssystem in Arkansas reformiert worden. Heute gibt es 32 staatliche und private Colleges, sechs Berufsbildungsschulen, fünf technische Institute und dreizehn technische Hochschulen. Zudem hat er über 200.000 neue Arbeitsplätze geschaffen und 619 Betriebe zusätzlich angesiedelt. Andererseits bleibt Arkansas im landesweiten Vergleich im unteren Drittel: Der Stundenlohn liegt mit acht Dollar immer noch rund zwei Dollar unter dem Landesdurchschnitt, das Durchschnittseinkommen beträgt 14.000 Dollar im Jahr, was 5.000 Dollar weniger als der Landesdurchschnitt ist und nur 2.000 Dollar über der Armutsgrenze liegt. Der Trend nach oben ist jedoch deutlich erkennbar. Clinton selbst sieht in seiner Politik als Gouverneur von Arkansas sein Lebenswerk begonnen: »Arbeitsplätze, Bildungswesen, Gesundheitsfürsorge. Dies sind nicht nur Lippenbekenntnisse. Sie sind mein Lebenswerk.«

Was ihm jetzt noch seine Wiederwahl verderben könnte,

Gute Aussichten für Clinton? – Das Wachsfigurenkabinett von Madame Tussaud hat einen neuen Star. (dpa/epa/penny)

ist das mangelnde Vertrauen der Bürger von Arkansas, die von ihm glauben, er werde seine Amtszeit nicht beenden. Um dies zu verhindern, gibt er öffentlich ein Versprechen ab, auch die nächsten vier Jahre Gouverneur bleiben zu wollen. Ein Versprechen, das ihm 1992 noch schwer zu schaffen machen, und das als »das Versprechen« in den Wahlkampf 1992 eingehen wird.

Im November 1990 kann er den Wahlkampf für sich entscheiden. Clinton siegt mit 59 Prozent der Wählerstimmen über Nelson. Am Dienstag dem 15. Januar 1991 legt Bill Clinton den Amtseid ab. National wird ihm zunehmend Beachtung geschenkt. Und plötzlich antwortet er auf Fragen, ob er denn eventuell als Präsident kandidieren möchte, nicht mehr so ausweichend. Er übernimmt weitere nationale Ämter, wird Vorsitzender des Democratic Leadership Council (DLC) und der Education Commission of the States, und nutzt jede Chance, sich national zu profilieren.

So richtig schenkt man dem Gouverneur aus Arkansas und möglichem Präsidentschaftskandidaten der Demokraten jedoch noch keine Beachtung. International tut sich etwas: Die Augen der Nation sind auf den Nahen Osten gerichtet. Am 2. August 1990 überfällt der Irak Kuwait, am 15. Januar 1991 läuft das Ultimatum der UNO ab und zwei Tage später, am 17. Januar, beginnt der Krieg zwischen dem Irak und den Alliierten, angeführt von den USA, gegen Saddam Husseins Irak. Bushs Popularitätskurve steigt stetig an. Und nach dem Ende des Golfkrieges gilt George Bush als der beliebteste Präsident der Vereinigten Staaten.

Clinton weiß nicht so recht, was er tun soll. Soll er gegen diesen übermächtigen Gegner antreten? Er kann sich in dieser Frage nicht so recht entscheiden. Am 15. August 1991 gibt er den Vorsitz der gemäßigten Demokratenvereinigung DLC ab. Der Grund: Er werde ein Komitee zur Sondierung seiner Wahlkampfchancen als Präsident gründen. Clinton scheint sich entschlossen zu haben. Jedoch sind noch einige Hindernisse aus dem Weg zu räumen: Vor allem sein Versprechen, das er den Bürgern von Arkansas gegeben hat, macht ihm zu schaffen. Wie um sich Absolution zu holen, tingelt er durch ganz Arkansas und befragt das Volk. Gleichzeitig muß er sich mit Jesse Jackson, der dem linken Flügel der Demokraten angehört, aussöhnen, nachdem er ihn ein Jahr zuvor bei einer Veranstaltung des DLC düpiert hatte.

Clintons Regierungszeit in Little Rock kann fast als Modellversuch für eine neue Mitte-Rechts-Politik der Demokraten gewertet werden. Und das Experiment soll sich jetzt bezahlt machen. Clinton will nach Washington. Er will, wie er selbst sagt, »daß die Zukunft dieses Landes so vielversprechend und glänzend ist wie seine Vergangenheit«, und er sieht eine Chance diese Zukunft mit seiner Politik zu beeinflussen: »Es kann gelingen, wenn wir den Mut zum Wandel haben.«

Neuer Bund statt Status quo

Von Fallen, Frauen und Fehlern

Am 3. Oktober 1991 verkündet Bill Clinton seine Kandidatur für die Wahl zum 42. Präsidenten der Vereinigten Staaten von Amerika. Über fünftausend Menschen, Frauen und Männer aus ganz Arkansas, haben sich an diesem sonnigen Herbsttag vor den Stufen des Gouverneurssitzes in Little Rock versammelt. Als Bill Clinton auf dem Fuß der breiten Treppe erscheint, jubelt ihm die Menge entgegen. Es kostet ihn einige Mühen, das Klatschen und die monotonen Anfeuerungsrufe zu übertönen. Der Beginn seiner Rede, die vom Nachrichtensender CNN landesweit übertragen wird, ist zugleich der Startschuß für den Wahlkampf um die Präsidentschaftskandidatur der Demokratischen Partei. »Das Land bewegt sich in der falschen Richtung, wir fallen zurück, verlieren die Orientierung«, ruft Clinton der Menge beschwörend zu, »und alles, was aus Washington kommt, ist eine Status-quo-Paralyse. Keine Vision, kein Handeln – nur Vernachlässigung, Eigennutz und Zerwürfnis«. Das Gesicht des Gouverneurs, der diese Übertragung dazu nutzt, alle Amerikaner, in allen Bundesstaaten, auf sich einzuschwören, ist noch mehr gerötet als sonst. Sein brennender Ehrgeiz lodert auf. Er möchte überzeugen, die Stimmen der Menschen für sich gewinnen. Sein Programm, der »Neue Bund«, wie er es nennt, soll ihm dabei helfen. Er stellt es dem kritisierten Status quo der Regierung Bush entgegen. Ein neuer Bund mit dem amerikanischen Volk soll nun geschlossen werden. Ein Bund zur Erneuerung Amerikas.

Doch so schnell sind die Amerikaner nicht bereit, mit ihm diesen Bund einzugehen. Noch steckt seine Kampagne in den Kinderschuhen, aber schon sieht es für das Energiebündel aus Hope gar nicht rosig aus. Gleich in der ersten Fernsehdebatte der demokratischen Präsidentschaftskandidaten verliert er den kühlen Kopf – der Grund: Mitbewerber Douglas Wilder, der Gouverneur des Staates Virginia. Zankapfel ist ein Artikel, der in der größten Tageszeitung von Arkansas veröffentlicht wurde. Darin fand sich ein Zitat Wilders, das ihn, Clinton, in die Nähe des Neo-Nazis Paul Duke rückte. Anstatt nüchtern zu argumentieren, beißt sich Clinton an dieser »Beleidigung« fest, er wird heftig, reagiert emotional, zeigt sich getroffen, eine vernünftige Diskussion findet nicht statt. Der Streit endet in ermüdenden, gegenseitigen Vorwürfen. Und wenn zwei sich streiten, freut sich der dritte: Paul Tsongas geht als eindeutiger Gewinner dieser ersten TV-Debatte hervor. Als sich sein Gemüt wieder beruhigt hat, sieht Clinton seinen taktischen Fehler ein. In den darauffolgenden Tagen gewinnt er wieder an Profil. Die wirtschaftliche Situation der Vereinigten Staaten wird zu seinem Thema. Clinton stellt der Öffentlichkeit sein Fünf-Punkte-Programm und eine Langzeitstrategie gegen die im Land herrschende Rezession vor.

Anfang Dezember holt sich Bill Clinton professionelle Unterstützung nach Little Rock. Mit James Carville und Paul Begala gelingt es ihm, zwei der erfolgreichsten Wahlkampfberater des Landes für sich zu verpflichten. »Oppositionsrecherche und Geld sind die zwei wichtigsten Sachen für einen Wahlkampf«, beschreibt James Carville sein ganz persönliches Grundsatzprogramm. In den ehemaligen Räumen der »Arkansas Gazette« in Little Rock wird das Wahlkampfhauptquartier der »Clinton for President«-Kampagne eingerichtet. Das vergessene Backsteingebäude im Stadtzentrum erwacht zu neuem Leben: Telefone klingeln pausenlos, Besucher gehen ein und aus, es wird kopiert, gedruckt, die Faxgeräte spucken endlos Papier aus. Die

Mitstreiter des Wahlkampfteams sitzen Tag und Nacht vor den Computern, Schreibmaschinen und Telefonen. Rund vierhundert Mitarbeiter werden es nach den Vorwahlen sein, die Clinton unterstützen, die meisten von ihnen ehrenamtlich.

Noch ist es nicht so weit. Clinton muß die erste demokratische Hürde nehmen: die Präsidentschaftskandidatur der Demokratischen Partei. Sachlichkeit ist die Linie, der Clinton treu bleibt. Nach und nach veröffentlicht er die Inhalte des »Neuen Bundes«, seinem Programm zur »Erneuerung Amerikas«:

Die Wirtschaft, die Gesundheitsfürsorge und schließlich die militärische Rolle der USA und damit die Weltführerschaft stehen im Mittelpunkt des Programms. Der Schwer-

Selbst ist der Mann: Gemeinsam mit Vizepräsident Gore zimmert Clinton am neuen Amerika. (dpa/epa/AFP)

Wahlkämpfer Clinton nimmt ein Bad
in der Menge. (Süddeutscher Verlag/AP/Applewhite)

punkt liegt aber vor allem auf dem wirtschaftlichen Bereich.
Auch hier sucht Clinton die Unterstützung eines Experten.
Im Dezember 1991 holt er sich den Harvard-Professor und
Freund aus Oxforder Tagen, Robert »Bob« Reich, als Be-
rater an seine Seite.

Clintons Programm kommt an. Er steigt in der Gunst
der Wähler immer weiter nach oben. Nach dem ›Nein‹ von
Senator Cuomo und der Aufgabe Douglas Wilders, kann
Clinton auch noch die farbigen Wähler auf seine Seite ziehen. Paul Tsongas ist immer noch der Konkurrent, der ihm
bei der Verwirklichung seiner Ziele am gefährlichsten werden kann. Doch Tsongas hat mehr und mehr Schwierigkeiten bei der Finanzierung seines Wahlkampfes und fällt zurück. Clintons Wahlkassen hingegen sind prallgefüllt. Mit
über drei Millionen Dollar liegt er unangefochten an der

Spitze der demokratischen Kandidaten – ein Zeichen für das professionellste Wahlteam.

Clinton arbeitet Tag und Nacht. »Hallo, ich bin Bill Clinton, ich kandidiere für…«, mit diesem Satz reist er wieder einmal durchs ganze Land, von Veranstaltung zu Veranstaltung, ein Termin jagt den nächsten. Es müssen wohl Tausende von Händen sein, die Clinton von Woche zu Woche schüttelt. Und die Aussichten auf einen Sieg nehmen zu. Ende Januar 1992 glauben die meisten daran, daß Clinton kurz davor stehe, die New Hampshire Wahlen zu gewinnen. New Hampshire, ein kleiner Bundesstaat an der Ostküste des Landes, gilt als der optimale Gradmesser für das Wählerinteresse. Denn die rund eine Million Bürger des Staates entsprechen der demoskopisch relevanten Zusammensetzung der Bevölkerung der Vereinigten Staaten. Werden die Wahllokale dort eröffnet, dann fiebert das ganze Land den Ergebnissen entgegen: Wer in New Hampshire nicht gewinnt oder weit abgeschlagen nur auf den hinteren Plätzen landet, kann gleich aufgeben.

Um auch noch die letzten Zweifler auf seine Seite zu ziehen, unterzeichnet Clinton am 27. Dezember 1991 den Hinrichtungstermin von Rickey Rector, einem zum Tode Verurteilten, der seit Jahren in der Todeszelle eines Gefängnisses in Arkansas einsitzt. Rector wird am 24. Januar 1992 hingerichtet. Die Todesstrafe – ein in den USA heiß diskutiertes Thema – wurde bisher von einem Großteil der Demokraten als Sinnbild inhumaner Staatsgewalt betrachtet. Menschenrechtsgruppen, Medien, aber auch Parteifreunde machen Clinton zum Vorwurf, er habe diese Hinrichtung eiskalt als Wahlkampfpropaganda benutzt. Im Sinn habe er dabei seinen Parteikollegen Michael Dukakis: Der demokratische Präsidentschaftskandidat hat seine Weigerung, 1987 einen Mann zum Tode zu verurteilen, mit vielen Stimmen bezahlt – so die Meinung der Experten.

Urplötzlich tauchen Gerüchte über vermeintliche private Verfehlungen Clintons auf. Clinton habe außereheliche Affären mit fünf Frauen gehabt, heißt es. Es ist derselbe Vorwurf, dieselbe Quelle wie schon im Jahr 1990. Der 23. Januar 1992 ist Startschuß für eine Schlammschlacht nie gekannten Ausmaßes: In einem Revolverblättchen, das über eine Kaufhauskette vertrieben wird, wird die Geschichte der Gennifer Flowers landesweit veröffentlicht. Von der Ost- bis zur Westküste können nun die Leser erfahren, daß die langbeinige, blondmähnige Gennifer – entgegen ihrem Dementi von 1990 – eine zwölfjährige sexuelle

Marathonläufer bis zur letzten Meile – Clinton beim Joggen im Central Park. (dpa/AFP/Clary)

Beziehung zu Clinton gehabt haben soll. Seine Mitarbeiter im Wahlkampfhauptquartier in Little Rock versuchen Bill Clinton die schlechte Nachricht möglichst schonend beizubringen. Clinton ist von der Welt enttäuscht. Für ihn ist die Flowers-Affäre ein Alptraum. Noch nie haben ihn seine Mitstreiter so gebrochen erlebt wie nach der Flowers-Pressekonferenz. Er ist enttäuscht. Er fühlt sich wieder einmal einsam.

»Ich grübelte darüber nach, ob ich es total versäumt hatte, einen Teil von mir zu sehen, den ich hätte sehen müssen«, meint er später über diese Tage.

Clinton ist wie paralysiert, unfähig, den Wahlkampf voller Energie weiterzuführen. Seine Frau springt in die Bresche und stellt sich den Medien. In einem Interview mit der Zeitschrift »Newsweek« nimmt Hillary Clinton ausführlich Stellung:

»Ich verstehe wirklich nicht, warum all diese unbestätigten Gerüchte und all die Geschichten, die überall erzählt werden, soviel Aufmerksamkeit beanspruchen. Ich für meinen Teil bin wirklich befremdet darüber, wieviel Aufmerksamkeit die Presse ihnen widmet. Aber ich erkenne an, daß wir nicht die Regeln bestimmen, und daß sich die ganze Situation in den vergangenen Jahren so entwickelt hat. Ich habe eine sehr gute Beziehung zu meinem Mann und wir führen eine gute Ehe. Wir haben uns immer bemüht, ehrlich zueinander zu sein und wir haben darüber gesprochen, wer wir sind und woher wir kommen. Wir sind stolz auf die Arbeit und die Mühen, die wir in diese Ehe gesteckt haben. Wenn Bill Clinton und ich uns vor drei, vier Jahren hätten scheiden lassen, und er nun als Präsident kandidieren würde, würde ihn niemand irgendetwas fragen. Aus meiner Sicht macht vieles davon keinen Sinn. Ich versuche all diese Fragen und Aufmerksamkeit ernst, aber nicht persönlich zu nehmen. Ich möchte nicht berechtigte Sorgen der

Krokodilstränen? Die angebliche Affäre
mit der Sängerin Gennifer Flowers kostete Bill Clinton fast
den Sieg. (Süddeutscher Verlag)

Leute von der Hand weisen. Aber letztendlich ist meine Ehe keine Schöpfung einer übernatürlichen Kraft. Sie besteht zwischen Bill Clinton und mir. Und sie wird zwischen uns bestehen, egal ob er gewinnt oder verliert, egal was passiert. Für mich ist sicher, daß wir unsere Ehe unabhängig davon, was andere sagen oder tun, aufrechterhalten. Genau das haben wir in den letzten sechzehn Jahren versucht.«

Gefragt nach möglichen außerehelichen Eskapaden ihres Mannes, reagiert sie sehr souverän: »Darüber möchte ich wirklich nicht sprechen. Ich glaube nicht, daß dies jemanden etwas angeht. Für uns ist wichtig, daß wir uns immer miteinander beschäftigt haben. Wir waren bereit, alle Probleme zu besprechen und miteinander durchzustehen. Ich rede nicht nur über die Art von Problemen, die uns in den Gerüchten angehängt werden. Man hat harte Zeiten, weil Menschen zu viel arbeiten und wenig Zeit füreinander haben. Ehen gehen durch harte Phasen, weil es Probleme mit Familienmitgliedern gibt, wie wir sie auch hatten. Es ist sehr stressig. Es gibt alle möglichen Dinge, die passieren können, und ich denke, es ist unangebracht, darüber zu reden. Ich glaube nicht an diese ganzen Beicht-Geschichten, denn aus meiner Sicht unterläuft man seine Beziehung, wenn man sie Außenstehenden öffnet. Wir sprechen auch nicht mit Freunden oder der weiteren Familie über unsere Ehe. So sind wir nun einmal und so leben wir. Und ich denke, daß so die meisten Menschen leben. Wir sind wie viele amerikanischen Paare heute. Wir haben versucht, unsere Ehe zusammenzuhalten. Wir haben versucht, im öffentlichen Leben zu stehen. Und wir haben versucht, der Öffentlichkeit einen Dienst zu erweisen. Ich glaube, daß die meisten Menschen jeden Tag aufstehen und nur glücklich sind, daß sie immer noch da sind und versuchen, ihr Leben in Schwung zu halten.«

Die Druckfarbe der Heftchen ist aber noch nicht getrocknet, als Gennifer Flowers in einer kurzfristig einberufenen Pressekonferenz zum Beweis ihrer Glaubwürdigkeit sogar Tonbänder mit Gesprächen eindeutigen Inhalts vorlegt. Die Authentizität der Bänder läßt sich allerdings nicht nachweisen. Auf viele Fragen der angereisten Journalisten bleibt Gennifer eine Antwort schuldig. Ihre Aussagen sind widersprüchlich und ungenau. Es ist derselbe Tag, an dem Hillary Clinton von einer Wahlkampfveranstaltung in ihr Motel in South Dakota zurückkommt. Den ganzen Tag über hatte sie Ansprachen gehalten, Fragen beantwort, gelächelt und aufmerksam zugehört und von ihrem Mann, als dem zukünftigen amerikanischen Präsidenten geschwärmt. Nun möchte sie sich kurz, nicht mehr als zwanzig Minuten ausruhen. Sie zieht die Tür ins Schloß, streift die Schuhe von den geschwollenen Füßen und geht ins Bad, um sich Badewasser einlaufen zu lassen. Während sich die Badewanne füllt, schaltet Hillary Clinton den Fernseher an. Endlich relaxen, aber dennoch nicht den Überblick über die aktuellen Ereignisse verlieren. Vom Hotelbett aus verfolgt sie die Nachrichten des Fernsehsenders CNN. Plötzlich blickt ihr das Gesicht der Nachtklubsängerin Gennifer Flowers entgegen. Gennifer, – wie viele Sternchen hat sie sich mit dem ›G‹ in ihrem Vornamen eine besondere Note gegeben – setzt ihre langen Beine vorteilhaft mit Minirock, Seidenstrümpfen und hohen Pumps vor den Kameras in Szene und sie spielt im Fernsehen die Tonbänder mit Aufzeichnungen von Gesprächen mit Bill Clinton ab. Wie ihrem Mann zuvor, stockt Hillary Clinton der Atem. Doch sie bewahrt kühlen Kopf und greift zum Telefon. »Geben sie mir Bill«, verlangt sie mit sachlicher, fast unterkühlter Stimme, von ihrem Wahlkampfmanager.

In dem anschließenden längeren Telefonat betont Bill erneut, daß das alles nicht stimmen würde. »Wer glaubt schon dieser Frau, die für Geld alles macht«, ruft er in den

Hillary Clinton – voller Einsatz trotz
Gerüchteküche. (pandis media/Sygma/Tannenbaum)

Hörer. Doch trotz dieses betonten Optimismus klingt seine
Stimme erregt, verletzt, wütend. Seine Frau bleibt überlegt.
Sie drängt ihn, zu reagieren, Gennifer Flowers nicht das
Feld zu überlassen. Nicht jeder wisse, daß diese Frau lüge,
beschwört sie ihn.

»Personen, die Dich nicht kennen, werden sich fragen, warum Du jemals mit dieser Frau geredet hast.«

Hillary bricht das Gespräch ab, sie muß wieder los, in den Wahlkampf für ihren Mann. Schon eine Stunde später hält sie ihre nächste Rede anläßlich der Einweihung einer Schweinezuchtfarm. Perfekt gestylt, aufmerksam und optimistisch steht sie vor ihrem Publikum. Niemand kann auch nur ahnen, was zum selben Zeitpunkt in ihrem Innern vorgeht. Noch während der Veranstaltung reicht ihr ein Freund einen Zettel. Alle seriösen Fernsehanstalten der Vereinigten Staaten hatten den »Fall Gennifer Flowers« zum Aufmacher gemacht. Ohne ein äußeres Anzeichen von Angespannheit beendet Hillary die Veranstaltung. Zurück im Hotelzimmer ruft sie nochmals zu Hause, in Little Rock an. Dort teilt man ihr mit, daß eine weitere Frau aufgetaucht war, die einen ›one-night-stand‹ mit Bill Clinton bekennt und dafür angeblich 50.000 Dollar versprochen bekam. Hillary Clinton weiß, daß es an der Zeit ist zu handeln!

Die Gerüchteküche brodelt weiter. Nun tritt Larry Nichols an die Öffentlichkeit. Nichols, der die Beschuldigungen gegen Clinton 1990 aufgebracht hatte, bekennt, er habe damit dem Gouverneur nur schaden wollen. Die Anschuldigung hätten keinen Wahrheitsgehalt, so Nichols. Doch selbst diese Aussage vermag es nicht, den Klatsch und die kursierenden Gerüchte zum Verstummen zu bringen. Larry Nichols sei von Clinton für diesen Rückzieher bezahlt worden, wird plötzlich über die republikanische Presse kolportiert. Die Situation wird unübersichtlich und gefährlich für Clinton.

Hillary Clinton entwirft zusammen mit den Wahlkampfstrategen einen Plan, um ihren Mann von den politisch Toten aufzuerwecken. Die ganze Nation soll sich selbst ein Bild machen können von dem geringen Wahrheitsgehalt der Aussagen dieser drittklassigen Nachtklubsängerin. Hillary wird diese Verleumdungskampagne mit ihren eigenen Waffen schlagen: den Medien. Innerhalb einer Stunde, innerhalb »60 Minuten« wird sich die politische Karriere Bill Clintons entscheiden. Das Ehepaar Clinton tritt in der berühmten Talkshow »60 minutes« auf, einer Unterhaltungssendung, die in alle Bundesstaaten des Landes übertragen wird. Der Zeitpunkt für diesen Auftritt ist gut gewählt:

Es ist der Abend des »Super Bowl«, dem »All American Football Final«, das Football Meisterschaftsendspiel. Rund vierzig Millionen Amerikaner – fast ein Fünftel der Gesamtbevölkerung des Landes – haben sich zu dieser Stunde vor den Fernsehern versammelt.

Auf einer Couch sitzt das Ehepaar Clinton, Seite an Seite, und stellt sich den Fragen des Moderators Steve Kroft. Hillary wirkt eher wie eine Medienberaterin, nicht wie die Ehefrau. Allerdings bringt sie das nicht diktatorisch, sondern durchaus feinfühlig 'rüber, findet Steve Kroft hinterher. Während der Show macht Hillary den weitaus gefaßteren Eindruck. Ihre Antworten sind sachlich, souverän, für den allgemeinen Publikumsgeschmack fast schon zu unterkühlt. Bill Clinton ist viel emotionaler, spontaner. Aber dadurch manchmal auch zu unüberlegt – wie der berühmte Elefant im Porzellanladen. Oft denkt er nicht über mögliche Konsequenzen des Gesagten nach, im Gegensatz zu Hillary, die nach jeder Frage erst einmal ihre zehn Sekunden Bedenkzeit braucht. Der Inhalt der medienwirksamen Fernsehunterhaltung wird später im »Sunday Time Magazine« abgedruckt. Nach seiner Ehe befragt, gibt Clinton zu, »daß ich meiner Ehe so manche Schmerzen zugefügt habe.«

Daraufhin Moderator Steve Kroft: »Wenn ich zusammenfasse, dann sagen sie also, daß sie niemals ein Verhältnis mit Gennifer Flowers gehabt haben.«

»Ich habe das vorher bereits mehrmals gesagt und deshalb...«, setzt Clinton an zu erklären.

Seine Frau Hillary springt ihm bei: »Ich mag nicht, wenn wir jetzt zu stark in die Einzelheiten abtauchen«, sagt sie bestimmt.

»Ich mag keine Einzelheiten über unser Familienleben breittreten. Das ist nur für uns beide interessant.« Diese Antwort ist ein Signal an ihren Mann. Es lautet: »Hör' auf, laß' Dich auf nichts mehr ein!« Hillary gibt den Millionen an den Bildschirmen zu verstehen, daß sie keine Minute an ihrem Mann zweifelte, denn sonst hätte sie das gar nicht durchgestanden, wie sie mehrmals betonte.

»Das ist ein über Jahre hinweg gewachsenes Vertrauen.«

Bill hat sich wieder gefangen, findet seine Linie: »Wenn wir uns aufgegeben hätten, wenn wir uns vor drei, vier Jahren hätten scheiden lassen… Wenn wir geschieden wären, würde sich kein Mensch darum kümmern. Aber ich wäre auch nicht einmal die Hälfte von dem Mann, der vor ihnen sitzt, ohne Hillary und Chelsea.«

Und Hillary pflichtet ihm bei: »Meine Ehe ist grundsolide, voll von Freundschaft und Liebe, aber sie ist zu grundlegend für mich, als daß ich darüber alles ausplappern würde.«

Sie sieht ihren Mann kurz an, dann beschwörend in die Kamera: »Ich sitze deshalb hier, weil ich ihn liebe, weil ich ihn respektiere, und ich würdige das, was er durchgemacht hat, was wir zusammen durchgemacht haben. Und wenn ihnen das nicht reicht. Nun gut, dann wählen Sie ihn halt nicht.« Hillarys Augen funkeln. »Außerdem«, fügt sie noch hinzu, »sucht Amerika einen Präsidenten und keinen Papst.«

Vor allem dieser Satz wird es sein, der Schlagzeilen macht, ja fast in die Annalen der Geschichte eingeht – zumindest in die der Wahlkampfgeschichte.

Als beide nach Little Rock zurückkehren, will Chelsea unbedingt die Videoaufnahme des Fernsehauftritts ihrer

Eltern sehen. Einige Tage nach der Sendung sieht sich die Familie die Sendung nochmals zusammen an. Als das Band abgelaufen ist, fragt Hillary ihre Tochter, was sie nun davon halte. Chelsea nimmt ihre Mutter und ihren Vater in den Arm und sagt spürbar mit Erleichterung: »Ich bin froh, daß ihr meine Eltern seid.«

Die Show ist ein Wendepunkt, nicht nur für Bills Kandidatur, sondern auch für Hillarys Verhältnis zur Öffentlichkeit. Sie hat den Leuten klargemacht, daß sie kein stummes Anhängsel ihres Mannes ist, sondern eine intelligente, selbstbewußte und überlegte Frau.

Nicht erst in dieser Talkshow ist Hillary Clinton ihrem Mann beigesprungen. So manches Mal hat sie für ihn bereits früher eine Lanze gebrochen. Die Reporterin Gail Sheehy berichtet von einem Vorfall aus dem Jahr 1990, der Hillarys Charakter und ihr Engagement für die politische Karriere ihres Mannes unterstreicht. Auf einer Pressekonferenz in Little Rock, nannte ein demokratischer Herausforderer für das Gouverneursamt Clinton ein »Chicken«, einen Feigling, der jedem Streit aus dem Weg gehen würde. Seine Tiraden wurden abrupt unterbrochen, als plötzlich eine Frau im Publikum aufstand. Kühl, selbstbewußt, in einfachem Kleid und ungeschminkt erklomm sie das Podium. Und ungeschminkt waren auch die Wahrheiten, die sie dem Herausforderer an den Kopf warf: »Wer war es denn, der sich damals in Springdale nicht traute?« Herausfordernd sah ihn Hillary Clinton an. Verunsichert, stammelnd versuchte sich Tom McRae zu rechtfertigen, aber ihm wurde von der Dame auf der Tribüne das Wort abgeschnitten. Punkt für Punkt, die Worte saßen wie Paukenschläge, las sie ihm eine Reihe von Äußerungen und Auszügen aus Reden vor, die der polternde Herausforderer irgendwann einmal vom Stapel gelassen hatte. »Nun hast Du Deine Meinung wieder geändert«, warf sie ihm vor

Familienglück: Bill, Hillary und Tochter
Chelsea.   (Inter-Topics/Globe Photos/Scull)

laufenden Fernsehkameras vor. Mit einem letzten Satz gab
sie ihm schließlich den Gnadenstoß: »Für einen Kandidaten
hast Du ein sehr kurzes Gedächtnis.« Vor Tausenden von
Zuschauern hatte Hillary Clinton den Gegenkandidaten in
seine Schranken verwiesen, ihn »seine Suppe auslöffeln
lassen«, wie man in Arkansas sagt.

Trotz des Auftritts vor Millionen von Zuschauern in den
»60 minutes« zeigt die Affäre ihre Wirkung: Clinton fällt
in den Umfragen zurück. Dennoch bringt die Angelegenheit
auch Positives mit sich: Bill Clintons Bekanntheitsgrad ist
amerikaweit beträchtlich gestiegen. Reagierten vorher viele
Menschen auf die Frage nach Bill Clinton nur mit einem
Achselzucken, so ist der Gouverneur von Arkansas nun für

die Amerikaner ein Begriff. Und was noch weitaus wichtiger ist: Bill Clintons Kampfgeist ist wieder zurückgekehrt. Er startet eine Blitzreise quer durch New Hampshire und schüttelt wieder Hände, versprüht seinen Clinton-Flair. Er kann den alten Abstand zu Tsongas wiederherstellen. Seit geraumer Zeit kann er nun zum ersten Mal wieder tief durchatmen. Doch die Atempause soll nicht von langer Dauer sein. Am 6. Februar 1992 läßt das »Wall Street Journal« erneut eine Bombe platzen. In einem Artikel wird Clinton vorgeworfen, sich im Jahre 1969 vor dem Wehrdienst und damit um Vietnam gedrückt zu haben. Die Wähler gewinnen den Eindruck, der demokratische Kandidat sei unaufrichtig – eben »Slick Willy«.

Doch das Clinton-Team reagiert in bewährter Manier. Um seine Glaubwürdigkeit und Aufrichtigkeit zu demonstrieren, wagt Bill ohne Scheu den Schritt in die Öffentlichkeit. Er selbst veröffentlicht den damaligen Bitt- und Entschuldigungsbrief an Colonel Holmes, in dem er die Gründe für seine Zurückstellung offen zugibt: Er sei schon immer gegen den Vietnam-Krieg gewesen und im Prinzip auch gegen den Wehrdienst. Zudem wolle er seine angestrebte politische Karriere nicht gefährden. Mit diesem Schritt kann er – zumindest einigermaßen – seine persönliche Integrität zurückgewinnen. Jedoch verliert er durch diese Enthüllung Stimmen bei den Vietnamveteranen und konservativen Wählern. Die Schlacht ist längst noch nicht gewonnen. Immer wieder werden neue Geschütze gegen Clinton aufgefahren und zielen vor allem auf seine Vertrauenswürdigkeit. Und das mit Berechnung, denn nach einer langen Geschichte politischer Skandale – von Watergate bis Irangate – ist das Vertrauen der amerikanischen Wähler in ihre Repräsentanten erschüttert. Der Durchschnittswähler sehnt sich nach einer integeren Präsidentenpersönlichkeit, die gerade im konservativen Amerika die anscheinend so wichtigen Werte aufrechthält. Die Vertrauensfrage wird zum zentralen Punkt im Wahlkampf – und bringt Bill Clinton immer wieder zum Stolpern. Er ist angeschlagen. Aber seine Mitarbeiter in der »Clinton-Zentrale« in Little Rock tun ihr möglichstes, um ihm den Rücken zu stärken. Dennoch geht die Angst um.

»Wir werden es schaffen«, macht sich und den anderen einer der Mitarbeiter Mut. »Ich hoffe wir schaffen es. Ich hoffe, er hält durch.«

Clintons politische Karriere ist jedoch nicht zu Ende. Am 21. Februar 1992 erreicht er bei den Vorwahlen in New Hampshire zwar nur den zweiten Platz, aber die Ergebnisse fallen ganz knapp aus: Bill Clinton ist noch im Rennen. Das »Comeback-Kid« macht seinem Namen alle Ehre.

Langsam erholt sich Clinton von den Turbulenzen der vergangenen Wochen. Er entspannt sich und strahlt wieder seine alte Vitalität und Zuversicht aus. Er kann sogar zwei weitere Vorwahlen für sich entscheiden. Clinton rückt Schritt für Schritt in das Bewußtsein der amerikanischen Wähler. Am 30. März erscheint eine Titelgeschichte in der »Newsweek« über Clinton mit dem Titel: »Kann er Bush schlagen?« Plötzlich wird er als Herausforderer ernst genommen. In einer begleitenden Umfrage zu diesem Artikel fragt das Magazin nach den Eigenschaften, die man mehr Bush oder mehr Clinton zubilligt: Hart zu bleiben, auch unter Druck, trauen 63 Prozent der Befragten George Bush zu. Auch bei der Frage nach der Vertrauenswürdigkeit schneidet Bush mit 52 Prozent besser ab als sein Herausforderer Clinton. Diesen halten nur 26 Prozent der potentiellen Wähler für vertrauenswürdig. Hingegen hat Clinton die Mehrheit der Befragten auf seiner Seite, wenn es um die Beantwortung der Fragen »Verständnis für das Volk« und »Zukunftsvisionen« geht.

Auch in den anderen Umfragen legt Clinton immer mehr

Worte gegen Kochkünste – Hillary Clinton ist die erfolgreichste
Wahlkämpferin ihres Mannes. (Inter-Topics/Galella/Bansemer)

zu. Das Tief im Wählerinteresse scheint vorbei zu sein. Die
Beliebtheitskurve zeigt wieder steil nach oben. Die Wahl
Clintons als Präsidentschaftskandidat der Demokraten ist
eigentlich nur noch Formsache.

Inmitten dieser Euphorie taucht plötzlich aus dem Nachbarstaat Texas der Milliardär Ross Perot auf. Der kleine und agile Selfmademan aus Texarkana, gleich an der Grenze zu Arkansas, ist wild entschlossen, sich bis zum Posten des Präsidenten der Vereinigten Staaten von Amerika hochzuboxen – oder besser hochzukaufen. Über einhundert Millionen Dollar aus seiner Privatschatulle, ein Vielfaches des Wahlkampfbudgets von Bill Clinton, will er in seine Kampagne investieren. Und da in den USA die Mediokratie die Demokratie abzulösen scheint, wird der Milliardär aus Texas zu einem ernstzunehmenden Gegner. Ihm stärkt zwar keine Partei den Rücken, doch er ist reich genug, um sich wertvolle Fernsehzeit zu kaufen. Über die Fernsehkanäle ist es ihm möglich, die Amerikaner im ganzen Land mit seiner Botschaft, dem Wiederaufbau der amerikanischen Wirtschaft, zu erreichen. Aus dem Zweikampf um das Präsidentenamt ist ein Dreikampf geworden.

Noch läßt sich Clinton von dieser Frontverschiebung nicht irritieren. Unbeeindruckt zieht er sein Programm durch: Ansprachen, Interviews, Blitzbesuche – das Energiebündel Clinton ist unermüdlich. Seine Bemühungen werden belohnt. Ohne Probleme kann er den »Super-Tuesday«, die Primary-Wahlen in mehreren Staaten im Süden des Landes, für sich entscheiden. Ein entscheidender Schritt in Richtung Nominierung ist getan. Doch kaum ist dieses Hindernis überwunden, taucht auch schon das nächste Problem am Horizont des Clinton-Wahlkampfteams auf. Diesmal ist es das berufliche Engagement der Eheleute Clinton, das Journalisten und dann auch den Wählern Kopfzerbrechen bereitet. Wieder steht Bills Glaubwürdigkeit auf dem Spiel. Ihm und seiner Frau Hillary wird vorgeworfen, Geschäft und Politik miteinander verknüpft zu haben. Dabei sollen Geschäftspartner der Anwaltssozietät seiner Frau bevorteilt worden sein. Diesmal reagiert Hillary Clinton nicht überlegt. Trotzig stellt sie an das amerikanische Volk eine – für dortige Moralvorstellungen – sehr provokative Frage: »Hätte ich zu Hause sitzen, Plätzchen backen und Teepartys geben sollen?«

Alle Hausfrauen von Monterey bis Miami, von Maine bis Mississippi fühlen sich mißverstanden, herabgesetzt und gedemütigt. Ein Aufschrei der moralischen Entrüstung geht durch die traditionell und eher konservativ verkrusteten Gemüter. Hillary verliert an Sympathien.

Das Wahlkampfteam ist wieder auf den Plan gerufen. Eine neue Strategie muß her: Man modelliert am Hillary Clinton-Image. Auf vierzehn Seiten zimmern sie über Nacht eine neue Hillary Clinton. Aus der »Winnie Mandela der amerikanischen Politik«, aus der blutrünstigen und ränkeschmiedenden Lady Macbeth, so die Republikaner, die nicht nur mehr verdient als ihr Mann, sondern auch noch das Heft in der Hand hat, wird mit Hilfe eines neuen Friseurs, Schneiders und durch das Eintrichtern hausfraulicher Gang- und Sprachart die gefällige Präsidentengattin geformt. Vorbei sind die Zeiten in denen Hillary mit Hosen, Stirnband und provokativen Parolen auftrat. Im gepflegt-eleganten Outfit spricht sie nun in Talkshows nur noch über Plätzchenrezepte und die Probleme der Kindererziehung. Das Reden in den letzten Wochen vor der großen Entscheidung muß sie ihrem Mann überlassen. Sie muß erfahren, daß es mehr Stimmen einbringt, schweigend und bewundernd zu ihrem Mann aufzublicken – wie Nancy Reagan es oskarwürdig beherrschte – sowie die zurückhaltende Frau an seiner Seite zu sein, die darauf achtet, daß Bill genug Schlaf bekommt, als eine streitbare Persönlichkeit mit eigener Meinung und Profil zu sein. Doch ihr neues Image hat Erfolg. Auf der Sympathieskala der umworbenen amerikanischen Wähler steigt sie weiter nach oben. Clinton läßt sich dadurch nicht aus der Ruhe bringen, die neue

Rolle seiner Frau kann er für die Wochen bis zur Wahl akzeptieren und die Vorwürfe, er habe mit der Kanzlei seiner Frau geküngelt, prallen an ihm ab, denn er hat sich nichts vorzuwerfen. Der Siegeszug des Gouverneurs von Arkansas geht weiter.

Nachdem Clinton auch die Wahlen in Illinois und Michigan für sich entscheiden kann, streichen mehrere seiner demokratischen Gegner die Segel; unter ihnen auch Paul Tsongas. Dem schärfsten Konkurrenten von Bill Clinton ist bei dem Millionen Dollar verschlingenden Wahlkampf das Kapital ausgegangen. Um sich finanziell nicht gänzlich zu ruinieren, verzichtet Tsongas auf die Kandidatur zum Präsidentschaftskandidaten der Demokratischen Partei. Einziger Gegner Bill Clintons beim Erreichen seines Ziels ist Jerry Brown. Der Abstand zu ihm wird immer geringer. Clinton reagiert und holt seine altbewährte Wahlkampfchefin Betsey Wright in sein Team zurück. Sie ist ein ausgebuffter Profi in allen Fragen des Kampagnenmanagements und sie greift umgehend in den Wahlkampf ein. Ihr Ziel ist, dafür zu sorgen, daß Clinton nicht mehr länger der Ruf eines Ein-Skandal-pro-Woche-Kandidaten anhaftet. Dieser Vorwurf, der in irgendeiner Form immer wieder von neuem auftaucht, kostet ihn viele Wählerstimmen. Im Vorfeld der Primary von New York stürzt sich zuerst die Boulevardpresse und später auch die angesehenen Zeitungen auf Clinton. Er läuft Gefahr, demontiert zu werden. Doch wiederum zeigt er Mut und Entschlossenheit. Kurz bevor die Wähler in New York an die Urnen gerufen werden, tritt er in einer bekannten Talkshow auf. Auf die Fragen und Kommentare des Moderators antwortet er wider Erwarten mit viel Witz und Humor. Dadurch kann er das Wohlwollen der Medien zurückgewinnen. So plötzlich wie sich die Journalisten vorher auf ihn stürzten, so plötzlich ändern sie ihre Meinung. Ohne Probleme kann Clinton die Primaries in New York,

Kansas und Minnesota für sich entscheiden. Selbst aus der schwierigen Wahl im Bundesstaat Pennsylvania geht Clinton siegreich hervor. Sein Vorsprung als Spitzenkandidat der Demokraten gilt als uneinholbar. Somit kann der entscheidende Kampf gegen die Republikaner und George Bush endlich beginnen.

George Bushs Wahlkampfarmee erlebt hingegen ständig neue »innenpolitische Waterloos«. Als vier weiße Polizisten, die den Farbigen Rodney King fast zu Tode prügelten, von einem Gericht freigesprochen werden, steht Los Angeles in Flammen. Bei den Rassenunruhen, die das ganze Land erschüttern, werden 51 Menschen getötet, mehr als 2.500 verletzt und über 16.000 Personen festgenommen. Die bürgerkriegsähnlichen Zustände in der Millionenstadt an der Westküste lassen Bush straucheln. Die Ursache: die zunehmende Verelendung und steigende Gewaltbereitschaft in amerikanischen Städten. Clinton schreibt Bush die Verantwortung für die Unruhen zu, weil er und die Republikaner dem »urbanen Verfall« tatenlos zusehen und nichts gegen Diskriminierung und Rassismus unternehmen. Und Clinton ist der erste der Präsidentschaftsanwärter, der Los Angeles besucht und mediengerecht, mit betroffener Miene durch die zerstörten Stadtviertel marschiert. Seine Erfahrungen in Washington nach dem Attentat auf Martin Luther King scheinen Früchte zu tragen.

Der Gouverneur von Arkansas demonstriert seinen »fellow-americans«, daß er das Problem der steigenden Gewalt und Kriminalität im Land mit harten Bandagen bekämpfen will. Am 7. Mai 1992 läßt Clinton zum vierten Mal innerhalb von zwei Jahren einen zum Tode Verurteilten durch die Giftspritze hinrichten. Das Thema der Verbrechensbekämpfung ist in den USA fast schon traditionell Wahlkampfthema. Viele sehen in Clintons ›Ja‹ zur Todesstrafe für klar definierte Delikte nur seine Anpassungsfähigkeit an die Mehrheitsmeinung, eine taktische Methode des Stimmenfangs.

Während ihres politischen Zweikampfes verlieren die beiden Hauptakteure des Wahlkampfes für die Präsidentschaft, den dritten, den vermeintlichen Außenseiter, aus den Augen. Wie kein anderer versteht der Texaner Ross Perot aber die Massen zu begeistern. Seine Ansprachen, die kurz und prägnant sind und von ihm mit schnarrendem Tonfall vorgetragen werden, treffen auf Anhieb den Nerv der Massen. Viele der Wähler laufen in das Lager des parteilosen Kandidaten über. Er brauche kein Wahlprogramm, sagt Perot, die Menschen wissen, wofür er stehe. Selbst auf den Vorwurf, er kaufe sich die Präsidentschaft, kontert er geschickt: »Das stimmt, aber ich kaufe sie nicht für mich, sondern für das amerikanische Volk.« Das Wort von der neuen texanischen Offenheit macht die Runde.

Der Countdown läuft. Am 2. Juni kann sich Clinton in den Primaries von Kalifornien und fünf weiteren Staaten die Kandidatur sichern. Doch Perot gewinnt immer mehr an Stimmen. Fast schon sieht es so aus, als könne er dem »Baby-Boomer« aus Arkansas die Show beim Nationalkonvent der Demokraten stehlen. In manchen Umfragen liegt Perot sogar schon vor Clinton an erster Stelle. Dem Wahlkampfteam in Little Rock ist klar, daß noch etwas in die Waagschale hineingeworfen werden muß. Am 9. Juli 1992 spielen die Strategen deshalb ihre nächste Trumpfkarte aus: Kurz vor dem demokratischen Nationalkonvent stellt Bill Clinton Al Gore als seinen Vizepräsidenten vor – für den Fall, daß er gewählt wird. Der 44jährige Senator aus dem Nachbarstaat Tennessee hat sich in den letzten Jahren vor allem in Umweltfragen einen Namen gemacht. Für viele ist Gore das Alter ego Clintons. Die Ehepaare Clinton und Gore sind Vertreter einer neuen Generation: jung, ehrgeizig, die Frauen emanzipiert und selbständig.

Der neue »König« der Demokratischen Partei ist gekrönt. (dpa)

Es ist Montag der 13. Juli 1992, ein schwül-heißer Tag.
Doch nicht nur die Temperaturen erhitzen die Gemüter,
auch im New Yorker Madison Square Garden ist die Stimmung am Überkochen: In der riesigen Halle haben sich
Tausende von Menschen in dieser Nacht zusammengefun-
den, um ihren neuen König, den Präsidentschaftskandidaten der Demokratischen Partei zu küren: Bill Clinton. »Oregon stimmt für den nächsten Präsidenten Amerikas. Oregon
stimmt für Bill Clinton«, ruft der Gouverneur des Staates
den fünftausend Delegierten zu, die aus allen Teilen des
Landes für drei Tage an die Ostküste gereist waren, um
ihrem Favoriten zuzujubeln. Seine Stimme geht im tosen-
den Applaus unter, Konfetti regnet von der Decke, Luft-
ballons steigen auf, und die ganze Halle fordert im monotonen Klatschrhythmus »We want Bill, we want Bill«. Die
Stimmung erinnert eher an Popkonzerte amerikanischer

Superstars oder an die Ovationen für die muskelbepackten Catcher-Tiere der amerikanischen Wrestling-Liga, die sich sonst im New Yorker »Madison Square Garden« von der Menge huldigen lassen. Ihren neuen »König« haben die Delegierten allerdings noch nicht zu Gesicht bekommen, denn das Protokoll von Wahlkongressen verbietet das. Ebenso merkwürdig wie diese Regel ist das Zeremoniell, mit dem die Demokraten ihre Spitzenkandidaten küren. Zwar ist die Favoritenposition Bill Clintons seit Wochen bekannt, dennoch erklimmen die Abgeordneten der einzelnen Staaten der Reihe nach, in strikt alphabetischer Reihenfolge, die Tribüne, um Bill Clinton verbal den Rücken zu stärken. Von Arizona bis Wyoming – jeder Bundesstaat der Vereinigten Staaten von Amerika läßt es sich nicht nehmen, noch einmal eine Lobeshymne auf Bill Clinton und natürlich die Schönheiten des eigenen Staates zu schmettern. Leere Phrasen und endlose Schmeicheleien prägen die Massenveranstaltung, die eher einer schrillen Party gleicht, als einer seriösen Wahlveranstaltung. Zuweilen droht das Programm ins Peinliche abzugleiten. Beim Buchstaben »O« wie Ohio ist es dann soweit, die Schallmauer ist durchbrochen: Mit 2145 Stimmen hat Bill Clinton die nötige Mehrheit für seine Präsidentschaftskandidatur erreicht. Die Reden der nachfolgenden Staaten gehen im Jubel und Klatschen der Menge unter.

Während im »Madison Square Garden« der bis zu diesem Zeitpunkt größte Triumph seines Lebens gefeiert wird, sitzt Bill Clinton mit Frau Hillary und Tochter Chelsea in einem Restaurant im Herzen Manhattans und verfolgt auf dem Fernsehschirm gespannt den Verlauf des demokratischen Nationalkonvents. Clinton hält beide Hände seiner Tochter fest, während eine Stimme nach der anderen für ihn abgegeben wird. Als seine Wahl klar ist, hält Clinton nichts mehr vor dem Bildschirm. Kurz vor Mitternacht begibt er sich mit seiner Familie zum »Madison Square Garden« und läßt Protokoll Protokoll sein. Der Triumph ist ohnehin vollständig. Denn kurz vorher begab sich Ross Perot, der dritte Mitstreiter im Kampf um das Präsidentenamt, vor die Kameras und Mikrophone der Fernseh- und Runkfunkstationen des Landes: Er trete als Bewerber für das Amt des Präsidenten zurück. Er sehe keine Notwendigkeit mehr zu kandidieren, so Perot, weil sich die Demokratische Partei »revitalisiert« habe. Während diese überraschende Nachricht und die Bilder der feiernden und jubelnden Konventsteilnehmer immer noch landesweit auf allen Kanälen ausgestrahlt werden, hat Bill Clinton die hell erleuchtete, aufwendig und kitschig dekorierte Halle erreicht. Nachdem sich Clinton durch die applaudierenden Menschenmassen seinen Weg auf die Bühne gebahnt hat, nennt er für seinen nach dem Protokoll verfrühten Auftritt einen Präzedenzfall: »Vor 32 Jahren tat ein junger Mann aus Massachusetts dasselbe«, ruft er der Menge zu, »John F. Kennedy«.

Mit der Nominierung Bill Clintons zum Präsidentschaftskandidat der Demokratischen Partei beginnt der eigentliche Wahlkampf. Der 13. Juli 1992 ist der Startschuß für den teuersten und spektakulärsten Wahlkampf, der im Land der unbegrenzten Möglichkeiten jemals geführt wurde. Die Medien des Landes spielen eine bisher noch nie dagewesene Rolle bei der Meinungsbildung der wahlberechtigten Amerikaner. Aber wenigstens prägen zunächst noch Sachthemen den Wettstreit um das Amt des Präsidenten. Es geht um die konkreten Lebensfragen der Nation. Bushs »Neue Weltordnung« stößt kaum auf Interesse bei den Amerikanern. Clinton hat die besseren Programme und Argumente auf seiner Seite. Die ökonomischen und sozialen Probleme stehen im Mittelpunkt der Diskussion. Selbst die neue Rolle und weltweite Vormachtstellung der USA wird im ökonomischen Zusammenhang diskutiert. Thematischer Dauerbrenner sind das Haushaltsdefizit, die Stagnation der US-Wirtschaft und die internationale Konkurrenzfähigkeit. Clinton bietet dem Wähler weitreichende Reformvorschläge an. Vor allem aber distanziert er sich deutlich von der Tax-and-Spend-Politik der Republikaner, also von der Erhöhung der Steuern.

Doch die Frage bleibt: Kann er es schaffen, Bush zu schlagen? Kann er es schaffen, was seit 1964 keinem einzigen demokratischen Herausforderer mehr gelang: einen amtierenden republikanischen Präsidenten aus dem Amt zu hebeln? Er, der nur Gouverneur eines wirtschaftlich stark angeschlagenen Staates ist. Clinton schlägt sich wacker. Er sammelt Punkte. Nach dem Ausstieg Ross Perots aus dem Wahlkampf erhält er in den Umfragen über zwanzig Prozentpunkte mehr als George Bush. Bush hat es geschafft, innerhalb eines Jahres vom beliebtesten zum unbeliebtesten Präsidenten der USA abzusteigen. Die Zustimmung für Bush sinkt zeitweise auf unter dreißig Prozent, obwohl noch kurz nach dem Golfkrieg 89 Prozent der befragten US-Bürger glaubten, Bush sei besonders tüchtig. Eine solche Zustimmung hatte seit dem Zweiten Weltkrieg kein Präsident erreicht. Pessimismus bei den republikanischen Parteigängern macht sich breit. Der republikanische Kongreßabgeordnete Vin Weber: »Der Präsident geht mit einem riesigen Mühlstein um den Hals in diesen Wahlkampf.« Clinton sammelt weiter Prozentpunkt um Prozentpunkt.

Am 13. August beruft George Bush seinen Außenminister James Baker als Stabschef ins Weiße Haus, er soll dort den Wahlkampf organisieren – ein Verzweiflungsakt.

Der US-Wahlkampf 1992 stellt erneut unter Beweis, daß er einer der spektakulärsten in der amerikanischen Geschichte ist. Am 1. Oktober steigt Ross Perot wieder in die Wahlkampfarena zurück. Der »Wiederauferstandene« läßt den Ausgang erneut offen erscheinen. Für Bill Clinton Grund genug, sich noch mehr ins Zeug zu legen. Ein Termin jagt den nächsten. Auch Ehefrau Hillary und Vizepräsident Gore nebst Gattin Tipper, investieren ihre ganze Kraft in den Wahlkampf. Oft ist das Quartett gemeinsam im Land unterwegs. In einem Bus legen sie Tausende von Kilometern auf den Highways zurück. Ihr Ziel sind die Marktplätze des »small-town-America«, die Kleinstädte, denen sonst niemand Beachtung schenkt. Die Veranstaltungen laufen fast immer nach dem gleichen Schema ab: Die beiden Frauen stellen sich vor, sagen ein paar einführende Worte, danach kommt das Gespann Clinton-Gore an die Reihe. Die beiden sprechen länger zur fähnchenschwenkenden Menge, stellen ihr Wahlprogramm vor und antworten danach auf Fragen aus dem Publikum. Keine Frage auf die die beiden hemdsärmelig auftretenden Kandidaten keine Antwort wissen. Sei es nun die Gesundheitsreform, Investitionen in ökologisch sinnvolle Technologien oder das Bildungssystem. Das Quartett Clinton/Gore bietet für jeden Wählergeschmack etwas. Arbeitsteilung und Vielstimmigkeit sind dabei die beiden Strategien, auf die sich Bill, Hillary, Al und Tipper stützen. Die Frau des zukünftigen Vizepräsidenten, die 1974 ihre Karriere aufgab, als ihr Mann in den Kongreß einzog und seither damit beschäftigt ist, eine perfekte Hausfrau und Mutter zu sein, spricht den eher konservativen Wähler an. Hillary dagegen ist die Karrierefrau, die trotz Mutterschaft eine erfolgreiche Anwaltskanzlei aufbaute, emanzipiert und selbständig. Die Meinungen über sie sind gespalten: Feministinnen lieben Hillary, konservativen Amerikanern macht sie Angst. Bill legt Wert darauf, nicht dauernd im Vordergrund zu stehen. Er möchte dem amerikanischen Volk bereits während des Wahlkampfs demonstrieren, worauf er sich als zukünftiger Präsident stützen will: »Teamwork statt Hierarchien«.

Die junge Generation Amerikas, vor allem die der Mittelklasse können sich mit den dynamischen und ehrgeizigen Paaren identifizieren. Selbst Randgruppen, wie Homosexuelle und Obdachlose, fühlen sich von Clinton-Gore verstanden. Bill Clinton vertritt das fortschrittliche Amerika, George Bush die traditionellen Werte. Und kein Kontrast könnte größer sein als der zwischen der »Großmutter der Nation«, der grauhaarigen US-Matronenausgabe, Barbara Bush, und der 45jährigen smarten und »toughen« Topanwältin Hillary Clinton. Bei Umfragen rangiert die hundertprozentige Ehefrau und Mutter, der ruhende Pol im Hintergrund, anfänglich weit vor ihrer Rivalin Hillary. Mit Augenzwinkern wird Bush sogar vorgeschlagen, doch zugunsten seiner Frau zurückzutreten, die hätte bessere Chancen. Nichts beschäftigt die Wähler Wochen vor der Wahl so wie die Frage, welcher Präsidentschaftskandidat nun die geeignete Gattin hat. Von der Ost- bis zur Westküste wird in allen Wohnzimmer diskutiert, ob sich die Yale-Absolventin genug um ihre Tochter kümmert. Bill Clinton geht diese Diskussion ziemlich auf die Nerven und patzig knurrt er in die Mikros, Bush solle sich doch gleich um das Amt der First Lady bewerben.

Kurz vor der Wahl zeichnet sich ein Kopf-an-Kopf-Rennen zwischen Bush und Clinton ab. Die Kampagnen werden wieder schmutziger. Die Republikaner, die spürbar an Boden verloren haben, greifen einmal mehr mit den altbekannten Attributen Clinton an: Er sei ein Weiberheld, ein Drückeberger, als Gouverneur ein Versager, er sei »Slick Willy«. Zum Showdown kommt es schließlich vor den Fernsehkameras. In drei TV-Diskussionen treffen die Kandidaten mit ihren Argumenten aufeinander. Vieles wird von einem guten Abschneiden in diesen Rededuellen abhängig gemacht.

Am 11. Oktober findet in St. Louis das erste Treffen

statt. Alle drei Kandidaten bleiben blaß, zeigen sich sehr nervös. Den besten Eindruck hinterläßt noch Ross Perot mit seiner direkten Art. Fünf Tage später kommt es zum zweiten Duell der Präsidentschaftskandidaten, diesmal in Richmond. Die Fragen kommen direkt vom Publikum. In einem Halbkreis sind 250 Klappstühle aufgebaut, auf denen Bürger der Stadt Platz genommen haben. Der Präsident und Clinton sitzen auf Barhockern, der kleinwüchsige Perot kann mit seinen Beinen den Boden nicht mehr berühren. Sein Sinn für praktische Lösungen wird deutlich: Er bleibt einfach stehen. Zwar können Clinton und Perot nicht alle Fragen des Publikums zufriedenstellend beantworten, aber gegenüber dem völlig nervös und zerfahren wirkenden Bush erzielen sie einen großen Vorsprung. Vor allem eine Frage macht Bush zu schaffen. »Wie«, will die Schwarze Marissa Hall wissen, »hat die Rezession jeden der Kandidaten persönlich betroffen?« Perot gibt nicht gerade eine brillante Antwort. Dem Millionär George Bush wird seine Reaktion auf diese Frage etliche Stimmen kosten: Trotz mehrmaliger Erklärung ist er nicht in der Lage, die gestellte Frage überhaupt zu verstehen. Nach dieser peinlichen Situation ergreift Bill Clinton die Initiative. Er erhebt sich von seinem Barhocker, läuft auf Marissa Hall zu und bleibt vor ihr stehen: »Sie kennen Menschen, die ihren Job und und ihre Wohnung verloren haben?« fragt er. »Ja«, lautet die verdutzte Antwort. Dann beginnt er, von den Nöten der Menschen seines Heimatstaats Arkansas zu erzählen, nennt ein paar ihm persönlich bekannte Beispiele und schließt mit Erklärungen zu seinem Wirtschaftsprogramm ab. George Bush sitzt derweil auf seinem Hocker und sieht aus, als denke er schon jetzt an seine Apanage und an das Futter seines Cockers. Auch bei seinem dritten TV-Auftritt am 20. Oktober, zwei Wochen vor der Wahl wirkt Bush wenig überzeugend.

Generationswechsel im Weißen Haus. (dpa)

Nach den drei »Elefantenrunden« führt Clinton in den Umfragen mit rund fünfzehn Prozentpunkten vor Bush. Der Endspurt ist eingeläutet. Im Wahlkampfhauptquartier in Little Rock arbeiten die Clinton-Mitarbeiter rund um die Uhr. Der Kaffeeautomat läuft 24 Stunden am Tag, rund achthundert Telefaxe senden und übermitteln die neuesten Nachrichten. Achtzehn Telefonate pro Minute – 25.000 täglich – werden geführt. Das Unternehmen »Mr. President« ist wohl durchdacht: An allen wichtigen Stellen in der Wahlkampfzentrale sitzen FOBHS – Friends of Bill and Hillary – Freunde von Bill und Hillary, ehemalige Kommilitonen und Freunde des Paares.

Der Präsidentschaftskandidat hält schließlich seine letzte Rede in Arkansas: »Ihr habt mich hier gelehrt, wie man Politik macht«, ruft er der Menge zu, »ihr habt mich gemacht. Ich werde Euch vermissen.«

In den letzten Tagen vor dem 3. November 1992 schrumpft Clintons Vorsprung zusammen. Fast scheint es so, als ob er noch vor der Ziellinie abgefangen wird. Aber noch hat er genügend Wahlmänner in den einzelnen Staaten auf seiner Seite. Der besorgniserregende Stimmungsumschwung kommt am Wochenende zum Stillstand. Die Spannung wächst. Die letzten Tage vor der Wahl werden zur absoluten Strapaze. Aufgrund der Anstrengungen der letzten Wochen und Monate läßt Bill seine Stimme im Stich. Er kann nur noch flüstern oder krächzen. Da tritt wieder Hillary in den Vordergrund. In den letzten Tagen des Wahlkampfes wird sie zum Sprachrohr ihres Mannes, verliest seine Reden. Zwar darf sie noch kein eigenes politisches Profil zeigen, aber kurz vor der großen Entscheidung ist wenigstens die Zeit der stummen Bewunderung vorbei. Hillary Clinton ist sanft zurückgekehrt in die Politik. Der Bus des Clinton/Gore-Teams ist Tag und Nacht unterwegs. Fernseher und Radio laufen ununterbrochen: Nur nicht die neuesten Nachrichten, die aktuellsten Umfrageergebnisse verpassen. Die Spannung der Kandidaten und ihrer Mitarbeiter steigt von Minute zu Minute. Jede neue Nachricht stürzt die Wahlkämpfer in ein Wechselbad der Gefühle. Doch niemand gibt auf, jeder einzelne setzt sich bis an die Grenzen der Belastbarkeit ein. Am Tag vor der Wahl besucht Clinton noch neun verschiedene Veranstaltungen im ganzen Land. Die Welt schaut auf Little Rock und die Hauptstadt Washington. Wer wird der 42. Präsident der Vereinigten Staaten von Amerika? Alle Zeichen deuten auf eine politische Wende. In Hope werden schon die Positionen markiert, von denen aus man das Jugendhaus Bill Clintons – des künftigen Präsidenten – fotografieren kann. Doch noch ist nichts sicher. Bis zuletzt kämpft Clinton um jede Stimme. Die Presse bezeichnet ihn als »einen Marathonläufer auf der letzten Meile«.

Am 3. November 1992 ist es soweit: Amerika wählt. Mit Spannung verfolgen Millionen weltweit die Wahl vor den Bildschirmen. Die Karte mit den 51 Bundesstaaten der USA wird immer farbiger: Rote Farbe ist gleich Bush, blau bedeutet Wahlsieg für Clinton. Und die Karte färbt sich zunehmend blau ein. Um Mitternacht ist die Entscheidung gefallen: Die zwölfjährige Amtszeit der republikanischen Partei ist zu Ende. Der neue Präsident heißt Bill Clinton.

Gemeinsam unschlagbar – das Präsidentenpaar. (dpa/epa/AFP)

Das »Billary-Team«

Von einer ganzen Menge Hoffnungen

Bill Clinton, der 1,88 Meter große Hühne aus den Ozarks, den Hügeln von Arkansas, der Billy aus dem Städtchen Hoffnung, der Löwe (Sternzeichen) mit den blauen Augen, der Baptist und Absolvent der Yale Law School, der Ehemann und Vater, der Jurist und Politiker. Bill Clinton, der Ex-Gouverneur von Arkansas, der Mann, der mit 35.000 Dollar viermal weniger verdiente als seine Frau, der Junge aus Arkansas, dessen liebstes Hobby lesen und kandidieren ist, der Saxophonspieler und Liebhaber des Fast food, der Inbegriff des American Dream. Bill Clinton, der verläßliche Freund, der gute Mensch, der zukünftige Präsident, der morgens am liebsten nach dem Joggen seinen Kaffee im McDonalds-Restaurant zu sich nimmt, der Hoffnungsträger einer ganzen Nation. Bill Clinton alias »Slick Willy«, der aalglatte, der Mann mit den vielen Facetten, und der Präsident der USA, der am genauesten von allen Präsidenten durchleuchtet wurde. Bill Clinton, dessen Vorleben keinen weißen Fleck mehr aufweist, dessen psychologisches Profil ganze Heerscharen von Psychologen, Wahlstrategen und Politspekulateure beschäftigt. Bill Clinton, der Frauenheld, der Streber und Opportunist, das Fähnchen im Wind, der Ehrgeizige und der Drückeberger, der Karrierist und Amerikas einzige Chance.

Es gibt so viele Schubladen, in die Bill Clinton paßt und so viele Möglichkeiten, ihm Stempel aufzudrücken, ihn zu analysieren und Prognosen für die Zukunft zu treffen. Doch mit Sicherheit kann man aus jetziger Warte nur eines sagen, er wird den Wandel bringen. Und sei es nur der Wandel im Führungsstil. Denn der wird mit Sicherheit legerer und lockerer. Ein Präsident zum Anfassen will er sein, ein Präsident des Volkes, anders wie Reagan und Bush vor ihm. Doch ob ihm letzteres gelingen wird, wird die Zukunft zeigen. Zumindest wird er die Mannen des Secret Service auf Trab halten, denn die sind für seine und die Sicherheit seiner Familie verantwortlich.

Am 4. November 1992, kurz vor fünf Uhr früh mitteleuropäischer Zeit war es soweit. Clinton gewann die Wahl in Ohio und hatte damit 286 Wahlmänner hinter sich. Damit war er der neue, der 42. Präsident der Vereinigten Staaten von Amerika. Die demokratische Partei konnte obendrein noch die Mehrheit im Senat und Kongreß erringen. Mit diesem überwältigenden Sieg beendete Bill Clinton die zwölfjährige Herrschaft der Republikaner. Er profitierte von den Fehlern Reagans und Bushs, die der Wirtschafts- und Innenpolitik der USA zu wenig Beachtung schenkten. Noch am Wahlabend richtete sich Clinton mit heiserer Stimme, aber völlig zufrieden an die US-Bürger. Und das Manuskript zu seiner ersten Rede als Präsident, steckte ihm seine Frau zu.

Die »Los Angeles Times« textete am nächsten Tag: »Die Kraft des Wandels machte sich letzte Nacht mit dem Knall eines Überschallflugzeuges bemerkbar. Plötzlich waren zwölf Jahre Ronald Reagan und George Bush – und ihr Anteil an bemerkenswerten Erfolgen und Fehlschlägen – Geschichte geworden. Plötzlich wird eine neue Persönlichkeit, die relativ jung, außerhalb von Arkansas relativ unbekannt, aber zweifellos intelligent, talentiert, scharfsinnig und außerordentlich entschlossen ist, der neue Oberkommandierende der Streitkräfte, führender Politiker der westlichen Welt und 42. Präsident der Vereinigten Staaten. Die stärkste Kraft bei dieser Wahl waren nicht etwa die Persönlichkeit oder der Charakter von Bill Clinton, sondern die in großen Schwierigkeiten steckende amerikanische

Wirtschaft. Clinton wird einen kühnen Wirtschaftsplan mit genau festgelegten Prioritäten ausarbeiten und dafür Unterstützung gewinnen müssen, um das Haushaltsdefizit zu bewältigen, eine neue Politik der Reindustrialisierung auszuarbeiten, sich mit der Gesundheitsfürsorge zu befassen und bei der Freihandelszone mit Mexiko und ähnlichen Angelegenheiten Fortschritte zu erzielen. Präsident Clinton wird auch helfen müssen, Amerika wieder zusammenzubringen.«

Und Clinton selbst?

»Ich möchte, daß die Zukunft dieses Landes so vielversprechend und glänzend ist wie seine Vergangenheit, und es kann gelingen, wenn wir den Mut zum Wandel haben.«

Und seine politischen Ziele?

»Arbeitsplätze, Bildungswesen, Gesundheitsfürsorge. Dies sind nicht nur Lippenbekenntnisse. Sie sind mein Lebenswerk.«

Der Generationswechsel im Weißen Haus ist vollzogen. Jetzt singt zur Inauguration des Präsidenten Michael Jackson »We are the world«. Jetzt sind Schoßhunde und Dauerwellen »out«, es zählen Blue Jeans und Katzen wie die Präsidenten-Mieze »Socks«. Washington wird sich umstellen müssen. Ob mit der Hauptstadt auch die USA und die ganze Welt – das wird sich noch erweisen.

Bill Clinton hat vorerst einmal sein Ziel erreicht. Aber schon am nächsten Tag nach der Wahl spürt er, daß damit nicht nur eitel Sonnenschein verbunden ist. Die unangenehmen Seiten werden ihm schnell klar. Als er und seine Frau einen Spaziergang um ihr Domizil in Little Rock machen wollen, müssen sie vor der Meute der hungrigen Fotojournalisten und vor den Berufsneugierigen ins Nachbarhaus fliehen. Und – er muß nach wenigen Wochen feststellen, daß er auch politisch nicht völlig neu anfangen kann, sondern Hypotheken übernehmen muß – sei es nun die übergroße Staatsverschuldung, die ihn zu unpopulären Entscheidungen zwingen wird, oder der ›Privatkrieg‹ zwischen George Bush und Saddam Hussein.

Bill Clinton wird all das nicht stören, er wird damit leben lernen. Er wird sich neue Ziele setzen, die zu erreichen sich lohnt. Sein Ehrgeiz wird ihn auch nach Überquerung der Ziellinie neu anstacheln. Und zu seinem Ehrgeiz steht er: »Sie wissen, daß wir heute in einer Zeit leben, in der Ehrgeiz eine schlechte Sache ist. So unternehmen Menschen, die ihn dennoch haben, außerordentliche Anstrengungen, diesen zu verbergen. Ich glaube, daß dies unehrenhafter ist, als einfach zuzugeben, daß man an die Werte der Politik glaubt und einen Teil dazu beitragen möchte. Diese ganze Geschichte, ich hätte meine Kandidatur lange vorbereitet, ist falsch. Ich war nicht einmal sicher, ob jemand aus Arkansas überhaupt Präsident werden könnte. Ich habe strenge Prinzipien und tue mein Bestes, danach zu leben. Ich glaube nicht, daß man ein guter Präsident sein kann, wenn man nicht zwei Sachen besitzt: die Überzeugung und die Fähigkeit, Dinge zu ändern. Ich beurteile meinen Wert in diesem Job, den ich bisher gemacht habe, nicht danach, ob ich meine Prinzipien durchgesetzt und mir die richtigen Leute zu Feinden gemacht habe, sondern danach, ob mir ein wirkungsvoller Wandel gelungen ist.«

Im Kapitol von Arkansas hängt der ehemalige Gouverneur bereits in Öl, und man kann sich darüber streiten, ob der Künstler ihn gut getroffen hat oder nicht. Zumindest wird er für lange Zeit der einzigste Präsident aus diesem Bundesstaat bleiben.

Am 20. Januar 1993 beginnt seine Präsidentschaft. Und er ist noch nicht in Amt und Würden, da machen sich schon andere Menschen Sorgen über Amerikas ersten Mann. Zuviel Cola und zuviel Hamburger soll er angeblich trinken und essen, zur Fettleibigkeit und Bluthochdruck neigen,

Auf Samtpfoten ins Weiße Haus – Die Präsidentenkatze
»Socks« steigt zur »First Cat« auf. (dpa/epa/AFP/Nelson)

meint eine wohlwollende Küchenchefin aus Kalifornien.
Das sei aber ziemlich jämmerlich für einen Präsidenten,
fährt sie sorgenvoll fort. Organisch angebautes Gemüse
essen und Früchte verzehren sowie sich gesunden Fisch
und ebensolches Fleisch servieren lassen, daß sei seine einzige Chance. Damit die Rüge Erfolg zeitigt, legt ihm die
Gute auch noch die Adressen von sechzig in Frage kom-
menden Köchen bei. Ob die Ratschlagende selbst auf dieser
Liste ist, weiß niemand. Auch nicht für welchen Speisezet-
tel und für welchen Koch sich Clinton entscheiden wird.
Allerdings hat er bereits die dreitausend anderen Schlüs-

Friedliche Amtsübergabe: Clinton besucht den scheidenden
Präsidenten George Bush im Weißen Haus. (dpa/epa/AFP)

selposten neu besetzt. Sein Kabinett ist vor Weihnachten
schon vollständig und zeigt auch Spuren des Wandels und
des neuen Stils. Erstmals ist eine Frau, Donna Shalala,
Gesundheitsministerin, eine Frau und Befürworterin alter-
nativer Energien, Hazel O'Leary, Energieministerin und
mit Laura D'Andrea Tyson wird eine Frau Vorsitzende des
Rates der Wirtschaftsberater. Das die künftige UNO-Bot-
schafterin, Madeleine Albright, weiblich ist, ist für US-Ver-
hältnisse schon fast eine Revolution. Und farbig ist sie

geworden die Regierungsmannschaft, vier Schwarze und zwei Hispanoamerikaner sind ins erste Glied vorgerückt. Das Parlament ist eine Mischung aus erfahrenen Politikern und FOBHs, den Freunden von Bill und Hillary. Der Stabschef Thomas McLarty ist ein langjähriger Freund, Bob Reich, der Oxford-Kommilitone, wird Arbeitsminister, und neben Gore gilt auch der Innenminister Bruce Babbitt als engagierter Umweltschützer und Clintons Freund.

Selbst die fünf Tage dauernden Festivitäten vor, am und nach dem 20. Januar sind schon die Zeichen einer Trendwende in Washington. Zwanzig Millionen Dollar aus der Privatschatulle der Demokraten und der FOBHs sollen für Stimmung und für ein neues Miteinander sorgen – weniger wie für Ronald Reagans und George Bushs ›Thronnahme‹ ausgegeben wurden. Wie einst Thomas Jefferson zu Pferde wird Clinton, diesmal allerdings im legendären Wahlkampfbus, von Monticello aus nach Washington reisen. Für amerikanische Verhältnisse eine bedeutungsschwangere Anreise des neuen Präsidenten, denn als Jefferson Präsident wurde, steckte Amerika und die Politik ebenfalls in der Krise. Danach wird gefeiert. In Bagdad erhellt das Licht der Flugabwehrraketen den Nachthimmel, in Washington ist es ein Feuerwerk nach dem anderen, das die Dunkelheit vergessen läßt. Elf offizielle Bälle mit über 65.000 Gästen sind angesagt.

Doch schon am 17. Januar feierten Hunderttausende die erste Ankunft des neuen Präsidenten – diesmal noch per Flugzeug. Der mit Grammys hochdekorierte Produzent Quincy Jones hält die choreographischen Zügel in der Hand und Barabara Streisand wird so richtig fürs Herz »God bless America« singen. Der gebleichte, schmalnäsig operierte Michael Jackson wird schunkelnd mit der Präsidentenfamilie den Wandel besingen und der Protestnäsler Bob Dylan wird noch einmal sein »Blowing in the Wind« aus dem Oldiekasten holen und die Amerikaner von der Besinnung zur Besinnungslosigkeit rühren. Selbst Hollywood wird dem neuen Präsidenten huldigen: »Sister Act«, Whoopi Goldberg, der Flieger über das Kuckucksnest, Jack Nicholson, und die Old-Stars, Harry Belafonte und Jack Lemmon, werden zur Inauguration nach Washington fliegen. Ein Hollywood-Spektakel der Superlative. Und alle, alle kommen. So manche Oskar-Verleihung wird nach dieser großen Feier eher an das Kürbiskernweitspucken in Hope erinnern. Für Bill Clinton ist dieser Hollywood-Touch nur selbstverständlich: »Ich habe immer zu der kulturellen Elite gehören wollen, die andere verurteilen.«

Ein wenig auf der Strecke bleiben die Kleinen: Den Ball der Obdachlosen wird Clinton nicht besuchen, obwohl sie ihm kräftig Stimmen brachten, als sie Parkbänke, U-Bahnschächte, und Müllcontainer als Wohnsitze angaben und damit auch wählen durften. Ob der Besuch des Präsidenten angesichts der großen Vielzahl von offiziellen Bällen überhaupt möglich gewesen wäre, darüber kann man sich streiten. Diese Randnotiz der Feier wird bald vergessen sein.

Nicht vergessen hingegen wird man die Wahl Bill Clintons zum »Mann des Jahres 1992« im »Time Magazine«: »Clinton hat seinen Wahlkampf mit einer Würde geführt, die es erlaubt, die Legitimität der amerikanischen Politik zu erneuern«, argumentiert das Nachrichtenmagazin. Vergessen hat man dabei jedoch Hillary Clinton, die sich vielleicht noch mehr als ihr Mann das Prädikat »Frau des Jahres« verdient hätte.

Zwar gibt es zu Hause nicht allzuviel Selbstgekochtes, und an Weihnachten kann es schon mal passieren, daß es nur Chili vom Vortag gibt, natürlich vom Hausmädchen gekocht und von ihr nur aufgewärmt. Doch mit ihrer Selbstdisziplin, sich der Karriere ihres Mannes unterzuordnen, mit ihrem Anspruch an Bill Clinton und mit ihren Ideen

Nicht nur die Frau im Hintergrund – Häufig überläßt
Bill Clinton seiner Ehefrau das Feld. (dpa/AFP)

gab sie dem Präsidenten erst den letzten Schliff, war sie
es, die ihn zu dem gemacht hat, was er heute ist.

Auch für die 45jährige neue First Lady gibt es viele
Adjektive: Sie gilt als stark, kalt, entschlossen, intelligent,
selbstbewußt, abenteuerlustig, verspielt, als harte Rechtsanwältin, liebende Mutter und loyale Freundin. Sie ist unwahrscheinlich diszipliniert – im Gegensatz zu ihrem Mann
ein Morgenmensch – steht vor dem Morgengrauen auf,
auch am freien Wochenende, und bevor sie die erste Tasse
Kaffee trinkt, unterhält sie sich schon über Erziehungspro-
gramme, politische Problemlösungen und Ereignisse.

163

Abends vor dem Zubettgehen steht Fitnesstraining auf dem Programm, der Hometrainer wird minutenlang malträtiert. Sie hat gelernt und beherrscht es mittlerweile in Perfektion, mit jederfrau und jedermann zu sprechen, in beliebiger Länge, was vor allem bei Wahlkämpfen unbezahlbar ist.

Ihr Selbstbewußtsein und ihre Persönlichkeit schüchterten jedoch nicht nur die Mädchen von Wellesley ein, sie ist auch die typische Vertreterin Frau, vor der Männer einfach Angst haben. Eine Angst, die das amerikanische Volk nun zu unterdrücken lernt. Bei einer Umfrage behaupteten 63 Prozent der US-Bürger, daß Hillary das Zeug zum Präsidentenberater habe, sie habe die erforderlichen Kenntnisse und die Charakterstärke. 46 Prozent hatten ganz generell eine günstige Meinung von Hillary, nur 19 Prozent hielten rein gar nichts von ihr.

So ganz wohl ist es den Amerikanern bei ihrer First Lady allerdings nicht. Zuviel Einfluß habe sie auf »Mr. President«, und den weiß sie auch weidlich zu nutzen. Nach dem Wahlsieg besuchten die Clintons die Bushs im Weißen Haus, um unter anderem auch das Tafelsilber zu inspizieren. Die Clintons lehnten die »Airforce Number One« ab, die Präsidentenmaschine, die Bush ihnen zur Verfügung stellte. Sie flogen mit der Chartermaschine »Clinton/Gore 1992«. Auch die Suite im Gästehaus des Weißen Hauses lehnten sie ab, sie zogen in das benachbarte Hotel »Hay Adams« mit Blick auf das Weiße Haus. Alles nach dem Motto: »Wir lassen uns nichts schenken, von denen schon gar nicht«. Zudem wurde so das Steuersäckel entlastet. Freunde vermuten dahinter bereits Hillarys Handschrift.

Als es den Kongreßabgeordneten der Demokraten im heimatlichen Little Rock darum ging, die Kabinettsposten zu besetzen, saß Hillary Clinton mit am Tisch. Und als Journalisten während der anschließenden Pressekonferenz fragten, ob Hillary bei den Gesprächen dabei gewesen sei, antwortet Clinton ganz cool: »Die ganze Zeit. Redete eine Menge. Wußte über manches besser Bescheid als wir. Ich glaube alle, die dabei waren, werden dem zustimmen.« Die Berichterstatter der »New York Times« schienen am nächsten Tag ein wenig irritiert: »Mr. Clinton unternahm keinen

Die alte und die neue »First Lady«. (dpa/epa/AFP)

Versuch, die Beraterrolle seiner Frau zu verheimlichen«, kommentierten die New Yorker hilflos. Sie war wieder da, war aus der von ihr selbst und von den Wahlkampfstrategen verordneten ehefraulichen Unterwürfigkeit an die Seite ihres Mannes zurückgekehrt. Das lange geprobte Lächeln in der Öffentlichkeit und der devote Blick zu ihrem Bill wird jetzt nur noch herausgeholt, wenn sie es auch wirklich will. Doch es wird ihr schwerfallen, das Image eines Gefrierschrankes unter gestylter Oberfläche loszuwerden.

Sie wird immer auf der Beliebtheitsskala zwischen zwei Extremen schwanken. Denn für Hillary Clinton kann man sich nur einmal entscheiden: Entweder man mag sie – oder man lehnt sie ab. Glenn Close, Hollywoodstar aus »Fatal Attraction« und anderen Filmen, mag Hillary Clinton: »Ich habe ein äußerst gutes Gefühl der Hoffnung und der Erleichterung, Hillary demnächst im Weißen Haus zu wissen. Sie wird dort eine wichtige Rolle spielen.« Und der Spiegel-Korrespondent Carlos Widman meint von ihr, sie sei einfach »zu gut fürs Damenprogramm«.

Aber wofür ist sie dann gut? Gouverneurin von Arkansas wollte sie werden, doch die Person ihres Mannes würde lange Schatten auf ihre Kandidatur werfen, für das Amt wäre sie zu stark ›vorbelastet‹. Auch als Oberste Anklägerin im Kabinett wäre sie geeignet. Aber ist für die amerikanische Öffentlichkeit eine First Lady im Justizministerium denkbar? Den Kritikern schmeckt dies nicht und sie schrecken hier nicht einmal vor Geschmacklosigkeiten zurück: Zwar hätte Robert Kennedy diesen Job von seinem Bruder bekommen, obwohl er weniger dafür qualifiziert war, aber – und jetzt kommt das dummdreiste Argument – »Robert Kennedy hat nicht mit dem Präsidenten geschlafen«. Also bleibt Hillary nur eines übrig: Die Rolle der First Lady neu zu definieren, diese Rolle von nutzlosen Klischees zu befreien. Die Vorwürfe, sie sei selbstsüchtig,

Hollywood steht auf ihrer Seite: Hillary Clinton mit
Glenn Close.   (dpa/AFP)

nur weil sie nicht ins Bild einer Barbara Bush, dem Familien-Silberfuchs paßt, die mehr nach dem Motto »faltig,
aber herzlich« die Rolle ausfüllte, sind haltlos. Dennoch,
es gibt sie, die »American values for First Ladies«: First
Ladies sollen das amerikanische Frausein repräsentieren.
Das bedeutet, immer adrett aufzutreten, nicht zu viel Geld
auszugeben, das Weiße Haus, dies Kleinod, dies historische
Schatzkästchen des amerikanischen Traums sauber zu halten, aber nicht gerade Unsummen dafür zu verschleudern.
Diese Werte entsprechen jedoch nicht den tatsächlichen
Verhältnissen: Drei von fünf Müttern in den USA sind nebenher berufstätig.

Die Frage ist: Schafft sie es, die Rolle zu verändern,
oder wird die Rolle sie verändern? Hillary Clinton ist auf

jeden Fall clever genug, die Sache richtig zu machen. Sie wird Washington schon auf Trab halten.

Das wird auch gut so sein, denn den Präsidenten macht das Team aus, das Billary-Team. »Ein Team, das weit mehr ein Team ist als Franklin und Eleanor Roosevelt. Zwei ganz große Persönlichkeiten, aber jeder ging seinen eigenen Weg. Wenn ich gewählt werde, machen wir die Sache gemeinsam, so wie wir es schon immer machten«, findet selbst Bill Clinton. Hillary ist seine engste Vertraute, er verläßt sich auf ihr Urteil mehr als auf das Urteil eines jeden anderen. Sie geht ihm bei der Abfassung von Reden zur Hand, bringt politische Vorschläge ein, kritisiert seine Auftritte und und und…

Bill Clinton hat sich schon immer mit sehr starken Frauen umgeben, unter anderem mit Betsey Wright, die als Wahlkampfmangerin fast seine ganze politische Karriere managte. Der Grund mag die dominante Rolle seiner Mutter gewesen sein: Er ist ohne Vater aufgewachsen, der Stiefvater war mehr ein Alptraum denn eine Vaterpersönlichkeit und mit vierzehn Jahren akzeptierte er diesen sowieso nicht mehr. Allenfalls sein Großvater spielte in seinem Leben eine wirklich wichtige Rolle, doch den muß er mit vier Jahren verlassen, kommt nur noch zu Besuch zu ihm, und als Bill elf Jahre alt ist, stirbt der Großvater.

Dazu Hillary Clinton in einem Interview mit der Zeitschrift »Time Magazine«: »Tja, das erste, was ich dazu sagen möchte, ist, daß dieser Horror häufig überbewertet wird. Die wichtige Seite von Bill Clintons Kindheit ist, daß er immer von Liebe umgeben war. Er hatte eine Mutter, die trotz aller Enttäuschungen und der Tragödie ihres Lebens jeden Tag optimistisch und positiv aufstand und sich bemühte, das Beste aus ihrem Leben zu machen und ihre Kinder zu lieben.«

Bill Clinton braucht den Gegenpart seiner Frau. Allein

schon, weil er oft genug ins Fettnäpfchen tritt, was Freundschaften anbelangt. Gute Freunde von ihm behaupten sogar, er findet mit schlafwandlerischer Sicherheit genau die Freundschaft heraus, bei der er letztlich nur draufzahlt. Oft ist er zu naiv, zu blauäugig. Er glaubt von jedem Menschen, dem er ein erstes Mal begegnet, er sei schlicht und ergreifend wundervoll. Hillary hilft ihm diese Schwäche auszugleichen und nicht nur das: Politik ist ein Joint-venture bei den Clintons oder wie er es einmal sagte: »Uns gibt's nur im Doppelpack.«

Daß Hillary weiß, was sie will, zeigte sich – wieder einmal – bei einem Essen in Los Angeles. Bill wußte bereits, daß er Präsidentschaftskandidat der Demokraten war. Da wurde Hillary die Frage gestellt, ob sie denn Vizepräsidentin werden wolle. Sie wischte diese Frage vom Tisch: »Ich bin nicht daran interessiert, rund um die Welt Beerdigungen zu besuchen.« Und zickig gab sie zurück. »Ich brauche Bewegungsfreiheit. Ich möchte daran teilhaben, Probleme zu lösen.« – Hillarys Credo, das sich ähnlich anhört wie das ihres Mannes Bill. Ein Credo, das auf vieles hoffen läßt.

»Jedes Leben hat Herausforderungen«. Sie scheint jemand zu sein, der immer wieder neue sucht.

»Wenn ich mich hinsetzen würde, um mein Leben zu beschreiben, würde ich mit Sicherheit nicht damit anfangen zu sagen, ich bin mit dem Gouverneur von Arkansas verheiratet und betreibe eine Anwaltspraxis in Little Rock. Auf gar keinen Fall.«

Hillary Clinton ist die erste First Lady mit Format, und Bill Clinton ist der erste Präsident, der jünger ist als Mick Jagger. Lassen wir uns überraschen.

Politik als Kunst

Die Wellesley-Rede von Hillary Clinton
vom Juni 1992

Dies ist das zweite Mal, daß ich Gelegenheit erhalte, von diesem Podium zu sprechen. Das letzte Mal liegt 23 Jahre zurück, als ich selbst dieses College verließ. Meine Klassenkameradinnen wählten mich damals aus, als erste Studentin in der Geschichte des Wellesley College bei der Abschlußfeier eine Rede zu halten.

Ich kann keineswegs behaupten, daß die Rede von 1969 nur meine Meinung und meine Gedanken enthielt, vielmehr spiegelte sie die Hoffnungen und Sehnsüchte meiner Klassenkameradinnen wider. Die Rede war gespickt mit Ausdrücken einer kompromißlosen Sprache, die man nur in diesem Alter verwendet. Aber es erscheint mir keineswegs unheimlich in welchem Ausmaß eben diese Hoffnungen, Werte und Sehnsüchte mein späteres Leben beeinflußt haben.

Wir lehnten auch nur die leiseste Andeutung der Einschränkung unserer Bestrebungen, aus der Welt einen besseren Platz zum Leben zu machen, leidenschaftlich ab. Wir waren ständig mit der Kluft, die sich zwischen unseren Erwartungen und der Wirklichkeit auftat, konfrontiert, und wir taten alles dazu, um eine Brücke über diese Kluft zu schlagen – nicht zuletzt inspiriert durch unsere Erziehung in Wellesley. Im Namen der Klasse des Jahrgangs 1969 sagte ich damals: »Die Herausforderung unserer Zeit ist, die Politik als Kunst zu sehen. Als Kunst, das Unmögliche möglich zu machen.« Diese Herausforderung besteht nach wie vor, insbesondere in dieser heutzutage weitaus zynischeren Zeit.

»Der Kampf für ein erfülltes Leben, in einer Atmosphäre von Vertrauen und Achtung«, das war damals der Wunsch, den ich äußerte. Ich meinte damit ein Leben, daß die persönliche Erfüllung in der Liebe, im Beruf und im privaten Bereich mit der Verantwortlichkeit gegenüber der Gemeinschaft kombinierte.

Als die Zeremonien und die Aufregung über meine Graduierung vorüber waren, begann ich mein neues Leben als Erwachsene damit, an den Waban-See zu fahren. Damals und wahrscheinlich auch heute noch, war das Baden im See nur am Strand erlaubt. An allen anderen Stellen des Ufers war es verboten. Aber dies war eines der Verbote, die ich am liebsten mißachtete. Ich zog mich bis auf meinen Badeanzug aus, legte die Kleider auf einen Stapel, nahm meine »Cola-Flaschen-Brille« ab – die mit den ganz dicken Gläsern – die Ihr jetzt auf Hunderten von Bildern in jeder Zeitschrift von einem zum anderen Ende der USA gesehen habt – und watete in den See, Richtung Tupelo Point. Während ich voller Freude vor mich hinpaddelte, einfach nur froh, diesen Tag überlebt zu haben, kam ein Wächter vorbei, sah meine Kleider, meine Brille und nahm sie mit. Ihr könnt Euch mein Gesicht vorstellen, als ich weder Kleider noch Brille an ihrem Platz vorfand. Blind wie ein Maulwurf, mußte ich mich nach Stone-Davis »zurücktasten«.

Ich bin nur froh, daß nicht auch dieses Bild aus meiner Vergangenheit hervorgekramt wurde. Ich sehe schon die Überschriften vor mir: »Mädchen eröffnet Klassenkameradinnen neue Visionen – und verliert dann die Übersicht«. Oder noch besser: »Schwimmendes Mädchen im Wahnsinn erblindet – es hat Elvis gesehen.«

Nachdem es mir der medizinische Fortschritt ermöglicht hat, die Brille mit Kontaktlinsen zu vertauschen, hoffe ich, daß ich den Überblick wiedergewonnen habe. Ich glaube, daß ich aus einem anderen Grund sogar meine Perspektive noch erweitert habe – aufgrund meiner Erfahrung. Die Möglichkeit, diese Erfahrung mit Euch zu teilen, dem Abschlußjahrgang 1992, ist für mich eine Ehre und eine Art Heimkehr. Deshalb möchte ich in dieser Rede auch persönlich bleiben. Wellesley hat mich großgezogen, es hat mich herausgefordert und mich begleitet. Ich habe den Geist von Wellesley aufgesogen und nicht nur das Wissen, sondern eine Menge nachhaltiger Eindrücke mitgenommen. Und ich habe Freundschaften geschlossen, auf die ich heute noch zählen kann.

Als ich 1965 als »Fuchs« aus einem verschlafenen Vorort von Chicago nach Wellesley kam, machten sowohl das College als auch unser Land eine schwierige Phase durch, eine Phase rasend schneller Veränderungen. Meine Klassenkameradinnen und ich fühlten uns herausgefordert, und in gleichem Maße forderten wir das College heraus. Nichts hatte für uns Bestand. Wir konnten uns nicht einmal auf einen angemessenen Wahlspruch für unseren Jahrgang einigen. Sogar an dem Tag, an dem wir uns zum ersten Mal zur Wahl des Studentenparlaments stellten, konnten wir nichts anderes als folgenden Wahlspruch zu skandieren: »1-9-6-9 Wellesley Rah, one more year, still no cheer.«

Und oft genug gab es tatsächlich nichts zum Jubeln. Wir wurden in einem Jahrzehnt groß, in dem es von Träumen und Desillusionen nur so wimmelte. Der Traum der Bürgerrechtsbewegung, der Traum des Friedenskorps, und der Traum der Raumfahrt. Die Desillusion begann mit dem Attentat auf John F. Kennedy, sie wurde gesteigert durch den umstrittenen Vietnamkrieg und gipfelte in dem tödlichen Gebräu von Armut, Rassismus und Verzweiflung, das in den Herzen einiger unserer Städte ein Feuer entfachte, das bis heute nicht verloschen ist. Es war ein Jahrzehnt, in dem der Rede von Martin Luther King »I Have a Dream« Lieder wie »The Day the Music Died« folgten.

Ich war auf dem Campus, als Martin Luther King ermordet wurde. Meine Freunde und ich banden uns schwarze Armbinden um und marschierten voller Wut und Schmerz durch Boston – wir fühlten damals so, wie viele von Euch nach den Freisprüchen im Rodney King-Fall.

Vieles hat sich in der Zwischenzeit geändert – das meiste davon zum besseren – aber vieles ist auch einfach gleich geblieben oder hat sich zumindest nicht so stark geändert, wie wir es erhofften. Bei anderen Dingen stellte sich heraus, daß sie unabänderlich sind.

Jede neue Generation bricht zu neuen Ufern auf. Ein Wandel ist damit sicher, Fortschritt allerdings nicht die notwendige Folge. Wandel ist ein Naturgesetz; Fortschritt ist die Herausforderung für das Leben und die Gesellschaft – für beides. Und gibt es einen besseren Platz, um von diesen Herausforderungen zu sprechen, speziell von denen an die Frauen und von der Herausforderung ein erfülltes Leben zu leben, als hier in Wellesley? Einem College, das nicht nur für sich in Anspruch nimmt, den Beweis zu liefern, daß es immer noch Platz für ein reines Mädchengymnasium gibt, sondern sich in erster Linie zur Aufgabe setzt »Frauen auszubilden, die der Welt ein anderes Gesicht geben«.

Und gibt es einen besseren Augenblick, um über Frauen und all das, was sie betrifft, zu sprechen als jetzt im Frühjahr 1992?

In den letzten Monaten habe ich ganz Amerika bereist und hatte dabei die Gelegenheit, mit Frauen zu sprechen und ihnen zuzuhören. Frauen, die sich abmühen, ihre Kinder aufzuziehen und dabei gerade so über die Runden kommen; Frauen, die gegen die anhaltende Diskriminierung kämpfen, die nach wie vor eine bessere Bezahlung oder eine Beförderung unmöglich macht; Frauen, die auf ihre Rechte pochen, die ihre eigenen Versicherungsprämien und die ihrer Familien ständig steigen sehen, die sich mit nichtexistierenden oder unzureichenden Versorgungsgeldern für ihre Kinder nach Scheidungen herumplagen, welche ihren Lebensstandard erheblich absinken lassen; Frauen, die von immer geringer werdender Sozialhilfe leben müssen und keine Aussicht auf einen Job haben; und Frauen, die besorgt sind, daß Abtreibung wieder kriminalisiert wird. Diese Frauen und ihre Sorgen müssen von uns allen gehört, gesehen und verstanden werden.

Mit vielen Frauen habe ich mich auch darüber unterhalten, wie wir unsere Kinder erziehen können, damit sie die für sie notwendige Gesundheitsversorgung erhalten und vor der wachsenden Gewalt auf unseren Straßen geschützt werden. Ebenfalls sprachen wir darüber, wie es jemals dazu kommen konnte, daß wir in einem Land leben, in dem es Kinder gibt, die in ihren Schulen Schießübungen anstatt Feuerschutzübungen machen. Sich um ihre Kinder zu sorgen, ist etwas, was Frauen und insbesondere Mütter immer tun.

Frauen, die ihren Kindern das Pausenbrot einpacken, täglich den Frühbus zur Arbeit nehmen, bis spät am abend im PTA bleiben oder in jeder freien Minute ihren älter gewordenen Eltern beistehen, brauchen bestimmt keinen Unterricht zum Thema gesellschaftliche Werte aus Washington. Sie müssen sich keine Geschichten über eine idealisierte Welt anhören, die nie so gerecht und sorglos war, wie manche uns immer glauben machen wollen. Sie und wir brauchen eine verständnisvolle und helfende Hand, um unsere Probleme lösen zu können. Die meisten von uns geben ihr Bestes, um das richtige Gleichgewicht in ihr Leben zu bringen. Für mich bedeutet dieses Gleichgewicht: Familie, Arbeit und Hilfe für andere.

Laßt mich zuallererst etwas zum Thema persönliche Beziehungen sagen: Wenn alles gesagt und getan ist, sind es die Menschen in Eurem Leben, die Freundschaften, die ihr schließt, die Gemeinschaften, die Ihr aufrechterhaltet, die Euch Schutz in diesem Leben gewähren. Eure Freunde und Eure Nachbarn, die Menschen in der Arbeit oder in der Kirche, all die, mit denen ihr täglich zusammen seid. Und wenn Ihr heiratet, sucht eine Ehe, die von Liebe und gegenseitigem Respekt getragen wird. Als ich das erste Mal hier stand, hätte ich niemals voraussagen können, daß ich mich in jemanden namens Bill Clinton verlieben und meinem Herzen nach Arkansas folgen würde. Aufgrund der Jahre, die zwischen uns stehen, muß ich Euch sagen, daß ich sehr glücklich bin, den Mut gehabt zu haben, diese Entscheidung zu treffen.

Zweitens Eure Arbeit: Für manche von Euch wird sich eine Berufstätigkeit vielleicht mit Eurem Einsatz für die Gemeinschaft überschneiden. Für manche von Euch wird die Zukunft vielleicht keine Tätigkeit außerhalb des Hauses bringen (und ich meine damit nicht eine unfreiwillige Arbeitslosigkeit). Aber die meisten von Euch werden zu irgendeinem Zeitpunkt ihres Lebens gegen Bezahlung arbeiten, vielleicht sogar in Jobs, von denen Frauen bis vor kurzem ausgeschlossen waren oder in solchen, die nach wie vor das Rückgrat der Erziehungs- und Pflegeberufen bilden, und die für uns alle so wichtig sind. Vielleicht entscheidet Ihr Euch auch für den Beruf einer Top-Managerin oder einer Raumfahrtwissenschaftlerin, vielleicht wollt Ihr für öffentliche Ämter kandidieren oder Ihr möchtet zu Hause bleiben und Eure Kinder erziehen – wichtig ist, daß Ihr jetzt zwischen all diesen Möglichkeiten wählen könnt.

Und der dritte Aspekt eines ausgeglichenen Lebens ist für mich – und ich hoffe, für Euch auch – die Hilfe für andere. Als Studenten diskutierten wir leidenschaftlich darüber, welche Verantwortung jeder einzelne für die Gesellschaft hat. Wir überlegten hin und her, um den Sinn des lateinischen Mottos unseres Colleges – »Nicht tatenlos zusehen, sondern selbst die Initiative ergreifen« richtig zu bewerten. Die wohl ausdrucksvollste Beschreibung dessen, was ich heute glaube und auch damals schon vertrat, fand ich bei Vaclav Havel, dem Autor und ersten freigewählten Präsidenten der Tschechoslowakei. In einem Brief aus dem Gefängnis an seine Frau Olga schrieb er: »Alles Bedeutungsvolle im Leben unterscheidet sich durch eine gewisse Transzendenz der individuellen menschlichen Existenz – über die Grenzen des nur-für-sich-Sorgens hinaus – gegenüber anderen Menschen, gegenüber der Gesellschaft, gegenüber der Welt… Nur wenn man nach außen schaut, wenn man sich um Dinge kümmert, die zum bloßen Überleben sicherlich nicht notwendig wären, wenn man sich selbst immer wieder mit den Problemen der Welt mit der Absicht konfrontiert, seiner Stimme Gehör zu verschaffen – nur dann wirst Du eine wirkliche Persönlichkeit werden.«

Während meiner Zeit auf der juristischen Fakultät stellte ich das erste Mal fest, welcher soziale Bereich mir am meisten am Herzen liegt. Damals arbeitete ich auf der Kinderstation Yale New Haven Hospital und im Kinder-Studienzentrum und vertrat Kinder in rechtlichen Angelegenheiten. Und während meiner ersten Semesterferien war ich für den Kinderschutzbund tätig. Die Erfahrungen, die ich in dieser Zeit machte, verstärkten mein Gespür dafür, was Kinder von ihren Familien und ihrer Regierung verdienen. Ich entdeckte, daß ich mich für die Rechte der Kinder einsetzen wollte.

Einige von Euch haben vielleicht schon ähnlich einschneidende Erfahrungen gemacht, im Bereich der Kunst, Umwelt oder anderen Menschenrechtsangelegenheiten. Viele von Euch haben diese Erfahrungen noch vor sich. Was es auch immer sein wird – erkennt sie und baut sie aus, sobald sie auftreten.

Ich hoffe, daß Ihr mir nachseht, wenn ich Euch erkläre,

warum mein Anliegen den Kindern gilt. Der amerikanische Traum ist ein Vertrag zwischen den Generationen. Oder, wie jemand einmal sagte, eine Generation sollte den Schlüssel für die nachfolgende unter der Matte liegen lassen. Wir belohnen unsere Eltern für ihre Zuneigung durch die Liebe, die wir weiter an unsere Kinder geben – und wir belohnen unsere Gesellschaft für die Möglichkeiten, die sie uns bietet, indem wir die Chancen für andere erweitern helfen. Das ist die Art und Weise, wie es laufen sollte. Ihr wißt allerdings nur zu gut, daß dem nicht so ist. Zu viele von unseren Kindern verarmen finanziell, sozial und geistig. Doch ihre sinkenden Zukunftschancen betreffen uns alle. Egal, ob Ihr selber Kinder haben werdet oder nicht, ich hoffe, daß jede von Euch die Notwendigkeit einer einfühlsamen nationalen Familienpolitik anerkennt, die die unverzeihliche Vernachlässigung der Kinder in diesem Land ins Gegenteil kehrt.

Wenn Ihr Kinder habt, schuldet Ihr ihnen die höchste Verpflichtung, und Ihr werdet mit der größten Herausforderung überhaupt konfrontiert, wenn es darum geht, sie in ihr eigenes Leben zu entlassen. Wenn Ihr, wie ich in Eurem Alter, wenig über die Geheimnisse wißt (und Euch vielleicht noch nie darüber Gedanken gemacht habt), gute Eltern zu sein, kann ich Euch versprechen, daß es nichts besseres gibt, als durch Erfahrung zu lernen.

Ich erinnere mich an eine sehr lange Nacht, als meine Tochter Chelsea ungefähr vier Wochen alt war und nicht aufhören wollte zu weinen. Nichts aus meinen Kursen in politischer Wissenschaft schien auch nur irgendetwas helfen zu wollen. Schließlich schaute ich sie in meinen Armen liegend an und sagte: »Chelsea, Du warst nie zuvor ein Baby, und ich war nie zuvor eine Mutter. Wir müssen uns einfach gegenseitig helfen und das gemeinsam durchstehen.« Bis heute haben wir das getan. Für Bill und mich war sie die große Freude unseres Lebens. Zuzusehen wie sie heranwuchs und sich entwickelte, hat mich nur noch mehr davon überzeugt, allen Kindern helfen zu wollen.

Es gibt viele Wege, Kindern zu helfen. Ihr könnt es, indem Ihr Euch dazu verpflichtet, liebende Eltern zu sein. Ihr könnt es durch die Medizin oder die Musik, durch Sozialarbeit oder Erziehung, im Geschäftsleben oder durch öffentliche Ämter. Ihr könnt es, indem Ihr Politik macht oder Plätzchen backt. Es ist also die falsche Wahl, vor die man Frauen – oder gegebenenfalls Männer – stellt, wenn man sie auffordert, sich entweder um sich und ihre Familien oder um die ›größere Familie‹, namens Menschlichkeit, zu kümmern.

In ihrem jüngsten Hirtenbrief »Stellt Kinder und Familien vorne an« griff die Nationale Katholische Bischofskonferenz diesen wesentlichen Zusammenhang zwischen privater und öffentlicher Rolle auf: »Keine Regierung kann ein Kind lieben und keine Politik kann die Fürsorge einer Familie ersetzen, aber eine Regierung kann Familien entweder unterstützen oder sie unterlaufen. … Die Diskussion, wie man Familien am besten helfen kann, hat eine unglückliche, unnötige und unrealistische Polarisation erfahren. … Die unleugbare Tatsache ist, daß die Zukunft unserer Kinder sowohl durch die Werte ihrer Eltern als auch durch die Politik eines Landes bestimmt wird.«

Und mein Mann sagt: »Allein durch Werte in der Familie wird ein hungriges Kind nicht satt. Und materielle Sicherheit schützt nicht vor moralischem Verfall. Wir brauchen beides.«

Vor 45 Jahren kam die größte Bedrohung unseres Landes von der anderen Seite des Eisernen Vorhangs, von den nuklearen Waffen, die alles Leben auf der Erde hätten auslöschen können. Während Ihr hier in Wellesley ward, ging diese Bedrohung zu Ende.

Heutzutage ist unsere größte Bedrohung nicht irgendein ›Reich des Bösen‹, sondern unsere eigene, gleichgültige Gesellschaft, die kaputte Familien, elternlose Kinder, gewalttätige Schulen, unvorstellbare Armut, Rassismus und Gewalt toleriert.

Wir dürfen an unsere Kinder nicht länger wie an irgendwelche unwichtigen Punkte auf unserer nationalen Tagesordnung denken. Wie wir unsere Kinder behandeln, sollte ganz vorne und im Mittelpunkt dieser Tagesordnung stehen, sonst wird alles andere, was auf ihr vermerkt ist, bedeutungslos. Meine Bitte ist, daß Ihr nicht nur die Werte pflegt, die Euer persönliches Leben beeinflussen, sondern auch eine Politik fördert, die den Kindern unseres Landes eine Chance gibt.

»Also wirklich, Hillary«, werden manche von Euch vielleicht sagen, »ich muß mein Studentendarlehen zurückzahlen. Ich kann nicht einmal einen Job, geschweige denn jemanden zum Lieben finden. Wie soll ich mich da um die Welt kümmern? Unsere Generation hat nun einmal weniger Träume, weniger Illusionen als Eure.«

Und ich höre Euch und Millionen anderer Frauen überall im Land. Die Frauen von heute werden mit harten Entscheidungen konfrontiert. Ihr wißt, die Grundregeln sind folgende:

Wenn Ihr nicht heiratet, seid Ihr unnormal.

Wenn Ihr heiratet, aber keine Kinder bekommt, seid Ihr egoistische Yuppies.

Wenn Ihr heiratet und Kinder bekommt, dann aber außer Haus arbeitet, seid Ihr schlechte Mütter.

Wenn Ihr heiratet und Kinder habt, aber zu Hause bleibt, vergeudet Ihr Eure Erziehung.

Und wenn Ihr nicht heiratet, aber dennoch Kinder habt, dann bekommt Ihr selbst als Serienheldin Probleme mit dem Vize-Präsidenten.

Also, Ihr seht, wenn Ihr auf all die Leute hört, die diese Regeln aufstellen, entscheidet Ihr Euch vielleicht, daß es der sicherste Weg ist, einfach sein Diplom zu nehmen und sich unter dem Bett zu verkriechen. Aber laßt mich mit einem Alternativvorschlag enden:

Behaltet Eure Träume. Nehmt die Herausforderung an, eine Identität zu entwickeln, die Euch selbst übertrifft. Wachst über Euch selbst hinaus, und Ihr werdet Euer wahres Ich finden. Kümmert Euch um etwas, daß Euch nicht persönlich betrifft. Stellt Euch dem Leben, verschafft Eurer Stimme Gehör.

Egal, ob Ihr Euch für Kinder oder eine andere Sache einsetzt, genießt die Reise Eures Lebens. Es gibt keinen Probelauf für's Leben, und Ihr werdet Euch durch jede Situation erneut einen Weg bahnen müssen. Die einzige Möglichkeit, sich darauf vorzubereiten, ist, das zu tun, was Ihr getan habt: die bestmögliche Erziehung zu genießen. Hört nicht auf, aus der Literatur, aus der Bibel und aus der Geschichte zu lernen und menschliche Erfahrungen zu verstehen, damit Ihr einen Leitfaden dafür habt, welche Entscheidungen die richtigen für Euch sind.

Ich möchte, daß Ihr Euch an diesen Tag erinnert, Euch erinnert, wieviel Ihr gemeinsam habt im Gegensatz zu den Leuten, die Euch auseinanderbringen wollen. Und ich wünsche mir, daß Ihr zusammenhaltet, genauso wie Ihr mir heute gegenübersteht: schön, tapfer und unbesiegbar, und daß Ihr mit einem erhebenden Gefühl von hier weggeht.

Herzlichen Glückwunsch Euch allen. Freut Euch darauf, den Herausforderungen des Lebens ins Auge zu sehen. Und ich hoffe, daß Ihr in den nächsten Jahren auf diesen Tag zurückschauen werdet und ihn als eine großartige Chance begreift, die es Euch ermöglicht, weiterzugehen und eine Identität zu formen, die unverwechselbar die Eure ist.

Ich wünsche Euch viel Glück.

»Es ist an der Zeit, Amerika zu verändern«

Die Rede von Bill Clinton beim Parteitag der Demokraten in New York vom 16. Juli 1992
(Auszüge)

Heute abend möchte ich zu Ihnen über meine Zukunftshoffnung sprechen, mein Vertrauen in das amerikanische Volk und meine Vision von der Art von Land, das wir – gemeinsam – aufbauen können. (…)

Alles ist in einem Satz der von uns verabschiedeten Plattform enthalten: »Die wichtigste Familienpolitik, Städtepolitik, Arbeitsmarktpolitik, Minderheitenpolitik und Außenpolitik, die Amerika haben kann, ist eine auf Wachstum ausgerichtete, unternehmerische Volkswirtschaft mit hochbezahlten und anspruchsvollen Arbeitsplätzen.« Im Namen all der Menschen, die die Arbeit leisten, Steuern zahlen, Kinder aufziehen und sich an die Spielregeln halten – im Namen der hart arbeitenden Amerikaner, die unsere vergessene Mittelschicht bilden, nehme ich mit Stolz ihre Nominierung für die Präsidentschaft der Vereinigten Staaten an. Ich bin ein Produkt jener Mittelschicht, und wenn ich Präsident bin, werden Sie nicht länger vergessen sein.

Wir treffen zu einem besonderen historischen Zeitpunkt zusammen, Sie und ich. Der Kalte Krieg ist vorüber. Der Sowjetkommunismus ist zusammengebrochen. Und unsere Werte – Freiheit, Demokratie, Rechte des einzelnen, freies Unternehmertum – haben in der ganzen Welt triumphiert. Aber während wir den Kalten Krieg im Ausland gewonnen haben, verlieren wir die Schlachten um wirtschaftliche Chancen und soziale Gerechtigkeit im Inland. Jetzt, da wir die Welt verändert haben, ist es an der Zeit, Amerika zu verändern.

Den Kräften der Habgier und den Verteidigern des Status quo habe ich eine Nachricht zu überbringen – Ihre Zeit ist gekommen und zu Ende gegangen. Es ist Zeit für einen Wandel in Amerika. (…)

Bei dieser Wahl geht es darum, die Macht zurück in Ihre Hände zu legen und die Regierung wieder auf Ihre Seite zu bringen. Es geht darum, den Menschen an die erste Stelle zu setzen. (…)

Heute abend will ich Ihnen so offen ich kann, erzählen, wer ich bin, woran ich glaube und wohin ich Amerika führen möchte. Ich habe meinen Vater nie gekannt. Er wurde drei Monate vor meiner Geburt auf dem Weg von Chicago nach Arkansas zu meiner Mutter bei einem Autounfall auf einer regennassen Straße getötet. Danach mußte meine Mutter allein für uns sorgen. Wir lebten bei meinen Großeltern, während sie zurück nach Louisiana ging, um sich als Krankenschwester ausbilden zu lassen.

Ich kann sie heute noch ganz mit den Augen eines dreijährigen Kindes sehen, wie sie sich im Bahnhof niederkniete und weinte, als sie mich wieder in den Zug zu meiner Großmutter in Arkansas setzte. Sie stand diesen Schmerz durch, weil sie wußte, daß ihr Opfer der einzige Weg war, um für mich zu sorgen und mir ein besseres Leben zu verschaffen.

Meine Mutter hat mich gelehrt. Sie lehrte mich, was Familie, harte Arbeit und Opfer bedeuten. Sie blieb über alle Tragödien hinweg standfest. Und sie hielt unsere Familie, meinen Bruder und mich, durch harte Zeiten zusammen. Als Kind sah ich jeden Tag, wie sie das Haus verließ, um zur Arbeit zu gehen, zu einer Zeit, als es nicht gerade leicht war, arbeitende Mutter zu sein. Als Erwachsener sah ich, wie sie gegen den Brustkrebs kämpfte. Und wieder lehrte sie mich eine Lektion in Sachen Mut. Und immer, immer lehrte sie mich zu kämpfen.

Deshalb werde ich kämpfen, um gut bezahlte Arbeitsplätze zu schaffen, damit Eltern es sich leisten können, heute Kinder aufzuziehen. Deshalb werde ich mich dafür engagieren, daß jeder Amerikaner den Krankenversicherungsschutz erhält, der das Leben meiner Mutter rettete und daß die Krankenversicherung von Frauen denselben Stellenwert erhält, wie die von Männern. Deshalb werde ich dafür kämpfen, daß Frauen in diesem Land Achtung und Würde zuteil wird, ob sie nun zu Hause, außerhalb oder an beiden Stellen arbeiten. (...)

Wenn ich an Chancen für alle Amerikaner denke, denke ich an meinen Großvater. Er hatte einen Gemischtwarenladen in unserer Kleinstadt Hope. Damals gab es noch keine Lebensmittelmarken. Wenn also seine Kunden – ob sie nun Weiße oder Schwarze waren –, die hart arbeiteten und ihr Bestes gaben, ohne Geld in den Laden kamen, dann gab er ihnen auch so etwas zu essen. Er schrieb nur an. Ich tat desgleichen. Bevor ich groß genug war, um über die Ladentheke sehen zu können, lernte ich von ihm, zu Leuten aufzublicken, auf die andere herabblickten.

Mein Großvater hatte lediglich die High-School abgeschlossen – also eine einfache Schulbildung. Aber in diesem Laden auf dem Lande lehrte er mich mehr über Gleichheit in den Augen des Schöpfers als alle meine Professoren in Georgetown, mehr über den wahren Wert jedes einzelnen als alle Philosophen in Oxford, mehr über die Notwendigkeit der Gleichheit vor dem Gesetz als alle Juristen in Yale. (...)

Auch von einer anderen Person habe ich viel gelernt – einer Person, die über zwanzig Jahre lang hart gearbeitet hat, um unseren Kindern zu helfen, die Zeit geopfert hat, um sicherzustellen, daß unsere Schulen sie nicht im Stich lassen. Jemand, der ein Jahr lang unseren Staat bereist hat, um zu studieren, zu lernen und zuzuhören, der zu Elternversammlungen, Konferenzen der Schulbehörde, Gemeindeversammlungen gegangen ist und ein im gesamten Land anerkanntes Schulreformpaket zusammengestellt hat. Und all dies hat sie getan, während sie eine Karriere als herausragende Juristin aufbaute und eine wunderbare, liebevolle Mutter war. Diese Person ist meine Frau. (…)

Offengestanden, ich habe genug von Politikern in Washington, die uns über »die Werte der Familie« belehren wollen. Unsere Familien haben Werte. Aber unsere Regierung nicht. (…)

Mein größter Zorn darüber, was in den vergangenen zwölf Jahren falsch gelaufen ist, rührt daher, daß unsere Regierung den Kontakt zu unseren Werten verloren hat, während unsere Politiker weiterhin lautstark über sie reden. Ich habe genug davon. (…)

Unsere Menschen befürworten einen Wandel, aber die Regierung steht dem im Wege. Sie wurde das Opfer privilegierter Einzelinteressen. Sie hat vergessen, wer hier wirklich die Rechnungen bezahlt. Sie nimmt mehr Geld von ihnen und gibt ihnen dafür immer weniger zurück. Wir müssen die völlig phantasielose Politik in Washington überwinden und unserem Volk die Art von Regierung geben, die es verdient – eine Regierung, die für es arbeitet.

Ein Präsident sollte eine starke Kraft für den Fortschritt sein. Aber jetzt weiß ich, wie Präsident Lincoln sich gefühlt hat, als General McClellan im Bürgerkrieg nicht angreifen wollte. Er fragte ihn: »Wenn Sie Ihre Armee nicht benötigen, darf ich Sie vielleicht ausleihen?« Und deshalb sage ich, George Bush, wenn Sie ihre Macht nicht einsetzen, um Amerika zu helfen, treten Sie ab, denn ich werde es tun.

Unser Land gerät ins Hintertreffen. Unser Präsident ist in einer überkommenen Wirtschaftstheorie gefangen. Seit der Amtszeit von Reagan und Bush sind wir bei den Löhnen weltweit vom ersten auf den dreizehnten Platz gefallen. (…)

Unser Land ist so tief gesunken, daß erst vor ein paar Monaten der japanische Ministerpräsident erklärt hat, er empfinde Mitgefühl mit den Vereinigten Staaten. Mitgefühl. Wenn ich ihr Präsident bin, wird der Rest der Welt nicht mitleidig auf uns herabsehen, sondern wieder respektvoll zu uns aufschauen. (…)

Unsere Prioritäten müssen klar sein. Wir werden die Menschen wieder an die erste Stelle setzen. Aber Prioritäten ohne einen klaren Aktionsplan sind nur leere Worte. Um unsere Worte in die Tat umzusetzen, müssen wir die Art und Weise grundlegend verändern, wie die Regierung funktioniert. Wenn wir das nicht tun, verschwenden wir weiterhin Milliarden Dollar. (…)

Es gibt kein Regierungsprogramm für jedes Problem. Wenn wir die Regierung einsetzen wollen, um den Menschen zu helfen, müssen wir sie wieder zum Funktionieren bringen. (…)

Ich habe auch nicht alle Antworten. Aber ich weiß, daß die alten Methoden nicht mehr funktionieren. Eine Wirtschaft, in der alles versickert, hat ganz sicherlich versagt. Und große Bürokratien, sowohl private wie auch staatliche, haben auch versagt. Deshalb benötigen wir einen neuen Ansatz für die Regierung. Eine Regierung, die mehr Selbständigkeit und weniger Anspruchsberechtigung bietet, mehr Wahlmöglichkeiten für junge Menschen in den öffentlichen Schulen und mehr Wahlmöglichkeiten für ältere Mitbürger und Menschen mit Behinderungen in ihrer langfristigen Pflege.

Eine Regierung, die gestrafft ist, aber nicht geiziger. Eine Regierung, die die Chancen erhöht und nicht Bürokratie verstärkt. Eine Regierung, die versteht, daß Arbeitsplätze aus dem Wachstum eines dynamischen Systems freien Unternehmertums entstehen. Ich nenne diesen Ansatz einen Neuen Bund – eine noble Vereinbarung zwischen dem Volk und seiner Regierung, nicht auf der Basis dessen, was jeder von uns nehmen, sondern was jeder von uns unserer Nation geben kann.

Wir bieten unseren Menschen eine neue Wahl auf der Basis alter Werte. Wir bieten Chancen. Wir fordern Verantwortung. Wir werden erneut das Gemeinwohl in Amerika aufbauen. Die Wahl, die wir anbieten, ist nicht konservativ oder liberal und in vielerlei Hinsicht nicht einmal demokratisch oder republikanisch. Sie ist anders. Sie ist neu. Und sie wird funktionieren.

Sie wird funktionieren, weil sie ihre Wurzeln in der Vision und den Werten des amerikanischen Volkes hat. Von allem, was George Bush jemals gesagt hat und womit ich nicht übereinstimme, beunruhigt mich eines am meisten – wie er die amerikanische Tradition verspottet und herabsetzt, eine bessere Zukunft zu sehen und anzustreben. Er macht sich darüber lustig als »diese Sache mit der Vision«. Aber erinnern Sie sich daran, was die Schrift sagt: »Wo keine Vision ist, werden die Menschen zugrundegehen.« Ich hoffe, niemand in diesem Saal oder in unserem geliebten Land geht ohne Vision in die Zukunft. Ich hoffe, niemand versucht jemals, ein Kind ohne Vision zu erziehen. Ich hoffe, niemand gründet jemals ein Unternehmen oder baut Getreide an ohne Vision. Denn wo keine Vision ist, werden die Menschen zugrundegehen. (…)

Wie lautet die Vison unseres Neuen Bundes? Ein Amerika mit Millionen neuer Arbeitsplätze in Dutzenden neuer Industriezweige, die voller Vertrauen ins 21. Jahrhundert blicken. Ein Amerika, das Unternehmern und Geschäftsleuten sagt: »Wir werden Euch mehr Anreize und mehr Chancen als je zuvor zur Entwicklung der Fähigkeiten Eurer Arbeitnehmer bieten und um die amerikanischen

Arbeitsplätze und den amerikanischen Wohlstand in der neuen Weltwirtschaft zu schaffen.«

Aber Sie müssen das Ihrige dazu beitragen. Sie müssen verantwortungsbewußt handeln. Amerikanische Firmen müssen wieder wie amerikanische Firmen handeln und Produkte, nicht Arbeitsplätze exportieren. Das ist es, worum es in unseren Neuem Bund geht. Ein Amerika, in dem die College-Türen wieder den Söhnen und Töchtern von Stenographen und Stahlarbeitern offenstehen.

Wir werden sagen: Jeder kann das Geld für einen College-Besuch leihen, aber Sie müssen Ihren Teil dazu beitragen. Sie müssen das Geld von Ihrem Gehalt zurückzahlen oder – noch besser – indem Sie nach Hause zurückgehen und Ihren Gemeinden dienen. Stellen Sie sich das einmal vor – Millionen energischer junger Männer und Frauen, die ihrem Land dienen, indem sie die Straßen bewachen, Kinder unterrichten, sich um Kranke kümmern, mit älteren Menschen oder Behinderten arbeiten, junge Menschen vom Drogenkonsum und dem Anschluß an Banden abhalten und uns allen ein Gefühl neuer Hoffnung und unbegrenzter Möglichkeiten vermitteln. Darum geht es in unserem Bund.

Ein Amerika, in dem Gesundheitsfürsorge ein Recht, nicht ein Privileg ist. Ein Amerika, in dem wir zu allen Menschen sagen: »Ihre Regierung hat endlich den Mut, den Profiteuren im Gesundheitswesen den Garaus und Gesundheitsfürsorge für jede Familie erschwinglich zu machen.« (…)

Ein Amerika, in dem die Einkommen der Mittelklasse und nicht deren Steuern steigen. Ja ein Amerika, in dem die wenigen Wohlhabendsten – die über 200.000 Dollar pro Jahr verdienen – aufgefordert werden, ihren gerechten Anteil zu leisten. Ein Amerika, in dem die Reichen nicht gemolken werden, aber auch die Mittelklasse nicht zum Untergang verurteilt ist.

Verantwortung beginnt oben. Davon handelt unser Neuer Bund. Ein Amerika, in dem wir der bisher gekannten Art der Sozialhilfe ein Ende bereiten. Wir werden den Sozialhilfeempfängern sagen: Ihnen wird – und Sie verdienen es – durch Aus- und Fortbildung, durch Kinderbetreuung und medizinische Versorgung die Chance geboten, sich davon zu befreien. Aber wenn Sie arbeiten können, müssen Sie dies auch tun. Denn Sozialfürsorge sollte eine zweite Chance sein, nicht ein Lebensstil. Darum geht es in unserem Neuen Bund.

Ein Amerika mit der stärksten Verteidigung der Welt, gegebenenfalls zum Einsatz von Gewalt bereit und willens. Ein Amerika an vorderster Front der weltweiten Bestrebungen zur Erhaltung und zum Schutz unserer gemeinsamen Umwelt und bei der Förderung weltweiten Wachstums. Ein Amerika, das von Bagdad bis Beijing keine Tyrannen duldet. Ein Amerika, das sich zum Fürsprecher der Freiheit und Demokratie von Osteuropa bis zum südlichen Afrika und auf unserem Kontinent von Haiti bis Kuba macht. (…)

Ich weiß sehr wohl, daß die Welt ein starkes Amerika benötigt, aber wir haben gelernt, daß die Stärke im Inland beginnt.

Der Neue Bund ist jedoch mehr als Chancen und Pflichten für Sie und Ihre Familien. Er handelt auch von unserer Gemeinschaft. Heute abend weiß jeder von Ihnen in seinem tiefsten Inneren, daß wir zu sehr gespalten sind. Es ist an der Zeit, Amerika zu heilen.

Und deshalb müssen wir jedem Amerikaner sagen: Blicken Sie über die Klischees hinaus, die uns blind machen. Wir brauchen einander – wir alle brauchen einander. Wir haben keinen Menschen zu verschwenden. Und dennoch haben die Politiker den meisten von uns zu lange gesagt, daß es uns gut geht, was wirklich in Amerika im argen liegt, daran seien die anderen schuld. Sie – die Minderheiten, die Liberalen, die Armen, die Obdachlosen und die Behinderten, die Homosexuellen. Wir sind an dem Punkt angelangt, an dem wir beinahe nur noch den anderen die Schuld in die Schuhe schieben. Dem und dem und dem.

Aber das ist Amerika. Es gibt nicht »die anderen«, es gibt nur uns. Eine Nation unter Gott, unteilbar, mit Freiheit und Gerechtigkeit für alle. Das ist unser Versprechen der Loyalität, und das ist unser Neuer Bund. (…)

Letztlich, meine amerikanischen Mitbürger, fordert uns dieser neue Bund nur auf, wieder Amerikaner zu sein. Altmodische Amerikaner für eine neue Zeit. Chancen, Verantwortung, Gemeinschaft. Wenn wir alle an einem Strang ziehen, wird Amerika Fortschritte machen. Im gesamten Verlauf der Geschichte dieses Landes konnten wir dies immer wieder beobachten: Wenn wir geeint sind, kann man uns nicht aufhalten. Wir können diesen Augenblick ergreifen, es aufregend, belebend und heroisch machen, wieder Amerikaner zu sein. Wir können unser Gefühl für die Einheit und die Gemeinschaft wiederherstellen. Wie die Schrift lehrt, haben unsere Augen noch nicht gesehen, unsere Ohren noch nicht gehört und unsere Phantasie hat sich noch nicht vorgestellt, was wir aufbauen können.

Aber ich kann dies nicht alleine leisten. Kein Präsident kann das. Wir müssen es zusammen tun. Es wird nicht leicht sein und nicht schnell gehen. Wir sind nicht über Nacht in diesen Schlamassel geraten, und wir werden nicht über Nacht daraus hervorgehen. Aber wir können es bewerkstelligen – mit Engagement, Kreativität, Vielfalt und Dynamik. Wir können es schaffen. Ich möchte, daß jeder in diesem Saal Anwesende und jeder in unserem Land sich uns anschließt bei dem großen neuen Abenteuer der Gestaltung einer kühnen neuen Zukunft.

Als Teenager hörte ich John F. Kennedys Aufruf zur

Bürgerpflicht. Und dann, als Student in Georgetown, wurde dieser Aufruf von einem Professor namens Carroll Quigley erläutert, der uns erklärte, die Vereinigten Staaten seien die größte Nation in der Geschichte der Welt, weil unser Volk stets an zwei Dinge geglaubt habe – daß morgen besser als heute sein kann und jeder von uns eine persönliche, moralische Verpflichtung habe, darauf hinzuarbeiten. (…)

In diesem Augenblick wird irgendwo in Amerika ein Kind geboren. Wir sollten es zu unserer Sache machen, diesem Kind ein glückliches Zuhause, eine gesunde Familie und eine hoffnungsvolle Zukunft zu bieten. Wir sollten es zu unserer Sache machen, daß dieses Kind eine Chance hat, die ganze Bandbreite der von Gott gegebenen Fähigkeiten auszuschöpfen. Wir sollten es uns angelegen sein lassen, daß dieses Kind stark und sicher aufwächst, gewappnet für Herausforderungen, aber niemals allein kämpfend. Mit einer Familie und Freunden und einem Glauben an Amerika wird niemand ausgeschlossen oder zurückgelassen.

Wir sollten es zu unserer Sache machen, daß dieses Kind, wenn es über Fähigkeiten verfügt, etwas an seine Kinder, seine Gemeinde und sein Land weitergibt. Wir sollten es uns angelegen sein lassen, diesem Kind ein Land zu geben, das zusammenwächst, nicht auseinanderfällt, ein Land unbegrenzter Hoffnungen und endloser Träume, ein Land, das erneut seine Menschen und die Welt inspiriert. Das sollten wir zu unserer Sache, unseren Verpflichtungen, unseren Neuen Bünden machen.

Meine amerikanischen Mitbürger, heute abend ende ich mit dem Wort, mit dem alles für mich begann. Ich glaube noch immer an etwas namens »Hoffnung«. Möge Gott Sie und die Vereinigten Staaten schützen.

Hillary und Bill Clinton

Die Lebensläufe

1942 Virginia Cassidy und William Blythe, die Eltern von Bill Clinton, heiraten.

1946 Am 19. August wird William Jefferson Blythe IV, genannt Bill, in Hope, Arkansas, geboren. Drei Monate vor seiner Geburt kommt sein Vater William Blythe bei einem Autounfall ums Leben.

1947 Am 26. Oktober wird Hillary Rodham in Chicago geboren.

1948 Nach dem Tod ihres Mannes geht Virginia Blythe nach New Orleans, um dort eine Ausbildung als Anästhesieschwester zu beginnen.

1950 Virginia Blythe heiratet zum zweiten Mal: Roger Clinton.
Im Juni beginnt der Koreakrieg mit der Invasion Südkoreas.

1951 Die Familie Rodham zieht in den konservativen Vorort Park Ridge, nordwestlich von Chicago.

1952 *Der Republikaner Dwight D. Eisenhower wird zum Präsidenten gewählt und löst damit die Demokraten von der Regierung ab. Sein Wahlversprechen lautet unter anderem, den Koreakrieg zu beenden.*

1953 *Der Koreakrieg wird im Juni mit dem Panmunjom-Abkommen, das die Grenzziehung festlegt, beendet.*

1954 Umzug der Familie Clinton nach Hot Springs, Arkansas.
Trotz der republikanischen Regierung unter Eisenhower erhält die demokratische Partei die Mehrheit im Senat und im Kongreß.

1956 Clintons Halbbruder Roger kommt zur Welt.

1960 *Der demokratische Senator John F. Kennedy wird zum 35. Präsidenten der USA gewählt.*

1962 *Kubakrise*

1963 Als junger Gesandter des »Boys' Nation Kongresses« trifft Clinton Präsident John F. Kennedy.
John F. Kennedy wird am 22. November in Dallas/ Texas ermordert. Sein Vizepräsident, Lyndon B. Johnson, wird wenige Stunden nach dem Attentat zum Präsidenten vereidigt.

1964 Bill Clinton beendet die High-School in Hot Springs als viertbester Schüler. Er wird als Mitglied der National Honor Society aufgenommen, einer Elitevereinigung der besten Schüler der Vereinigten Staaten. Clinton beginnt sein Studium an der Georgetown University in Washington.
Martin Luther King wird für sein Engagement in der Bürgerrechtsbewegung mit dem Friedensnobelpreis ausgezeichnet.

1965 Hillary Rodham beschließt ihre High-School-Ausbildung und beginnt ihr Studium in Wellesley.
Clinton arbeitet im Wahlkampfteam von Frank Holt, der für das Amt des Gouverneurs von Arkansas kandidiert. Über Beziehungen bekommt Clinton daraufhin einen Job im Büro von Senator J. William Fulbright in Washington.

1967 Das politische Engagement von Hillary Rodham weitet sich aus. Im Präsidentschaftswahlkampf unterstützt sie einen der demokratischen Kandidaten, Eugene McCarthy.
Clintons Stiefvater stirbt an Krebs.
Israel schlägt im 'Sechs-Tage-Krieg' seine arabischen Nachbarn. Die USA unterstützen Israel mit Waffenlieferungen und übernehmen eine wichtige Rolle in den Waffenstillstandsverhandlungen.

1968 Bill Clinton schließt sein Studium in Georgetown mit dem »bachelor of arts« ab. Er erhält ein Stipendium für die Oxford University in England und setzt sein Studium *dort fort.*

Martin Luther King wird im April in Memphis/ Tenessee ermordet. In der Folge brechen Rassenunruhen aus.

Robert Kennedy, aussichtsreicher demokratischer Präsidentschaftskandidat, wird ermordet.

Richard M. Nixon (Republikaner) wird mit knapper Mehrheit zum neuen Präsidenten der USA gewählt.

1969 Hillary Rodham besteht ihr Abschlußexamen am Wellesle College mit Auszeichnung. Bei der Examensfeier hält sie als erste Studentin in der Geschichte des Colleges eine Abschlußrede, die in der Zeitschrift »Time Magazine« abgedruckt wird. Danach nimmt sie ihr Jurastudium an der renommierten Yale-University auf.

Clinton verlängert sein Studium in Oxford um ein weiteres Jahr. Er bewirbt sich für ein Stipendium an der Yale-Law-School und wird akzeptiert.

1970 Bill Clinton beginnt sein zweites Studium an der Yale-Law-School.

1971 Hillary Rodham und Bill Clinton lernen sich in der Universitätsbibliothek kennen.

1972 Hillary und Bill arbeiten während des Semesters an der Gouverneurs-Kampagne von George McGovern in Texas. Sie kehren erst zum Examen zurück nach Yale.

Präsident Nixon wird in seinem Amt bestätigt.

1973 Abschlußjahr an der Yale-Universität. Bill Clinton nimmt nach dem Examen eine Stelle als Dozent an der juristischen Fakultät der University of Arkansas an.

Hillary Rodham bleibt in Washington. Sie arbeitet zunächst beim Kinderschutzbund, wird dann aber in den Rechtsausschuß des Parlaments zur Amtsenthebung Richard Nixons aufgrund der Watergate-Affäre berufen.

Israel wird von arabischen Nachbarländern angegriffen. Der folgende Ölboykott der arabischen Staaten löst eine Energiekrise in den westlichen Länder aus.

1974 Mit gerade 27 Jahren bewirbt sich Clinton im Dritten Wahlkreis von Arkansas um einen Sitz im Kongreß, verliert jedoch den Wahlkampf.

Hillary Rodham folgt Bill nach Arkansas und tritt eine Stelle an der University of Arkansas Law School an.

1975 Bill Clinton und Hillary Rodham werden am 11. Oktober in Arkansas kirchlich getraut. Hillary Rodham behält ihren Mädchennamen bei.

1976 Erster politischer Sieg für Bill Clinton: Er wird in das Amt des obersten Staatsanwaltes im Staate Arkansas gewählt. Er unterstützt den Wahlkampf von Jimmy Carter.

Hillary Rodham macht Wahlkampf für Carter im Bundesstaat Indiana.

Der Demokrat Jimmy Carter wird zum Präsidenten gewählt.

1977 Clinton wird mit sechzig Prozent der Wählerstimmen in den Vorwahlen zum Kandiaten der Demokraten für das Amt des Gouverneurs gewählt.

1979 Am 10. Januar legt er seinen ersten Amtseid als Gouverneur des Staates Arkansas im Abgeordnetensaal des Capitols von Little Rock ab.

Die zweite Ölkrise und die Revolution im Iran destabilisieren Carters Regierung.

1980 Tochter Chelsea Victoria Clinton wird am 27. Februar geboren. Hillary Rodham wird Sozius in der renommierten Anwaltskanzlei »Rose Law Firm«.

Bill Clinton erleidet Ende des Jahres eine Wahlniederlage gegen den republikanischen Kandidaten Jack White und verliert das Amt des Gouverneurs von Arkansas.

Nach nur vier Jahren Regierungszeit für die Demokraten gewinnt der Republikaner Ronald Reagan den Präsidentschaftswahlkampf.

1981 Bill Clinton arbeitet als Anwalt in einer Gemeinschaftskanzlei in Little Rock.

1982 Bill Clinton kehrt in das politische Leben zurück.

Hillary Rodham nimmt mit Rücksicht auf Clintons Karriere seinen Familiennamen an und heißt fortan Hillary Clinton.

Clinton kandidiert ein weiteres Mal für das Amt des Gouverneurs von Arkansas und schlägt den Republikaner Jack White mit 54,7 Prozent.

1983 Hillary Clinton betritt die politische Arena. Sie wird Vorsitzende des Ausschusses, der neue Grundlagen für das Schul- und Bildungssystem ausarbeiten soll.

1984 Clinton kandidiert zum vierten Mal für das Amt des Gouverneurs.

Im August wird sein Bruder Roger wegen illegalem Rauschgifthandel und Kokainkonsum verhaftet.

Clinton kann sich trotz dieses Skandals als Gouverneur durchsetzen.

1985 Hillary Clinton hilft mit, HIPPY (Home Instruction Program for Preschool Youngsters) auf den Weg zu bringen.

Bill Clinton setzt weitere Schritte seines wirtschaftlichen Entwicklungsprogramms für Arkansas durch.

1986 Bill Clinton wird zum Vorsitzenden der NGA (der

Nationalen Gouverneursversammlung) gewählt. Gleichzeitig übernimmt er den Vizevorsitz des NGA-Ausschusses für soziale Reformen. Im gleichen Jahr zeigt er Interesse daran, als Vertreter der demokratischen Partei in den Präsidentschaftswahlkampf 1988 zu gehen.

Hillary Clinton wird zur Vorsitzenden des Kinderschutzbundes gewählt.

1987 Angeblich aus privaten Gründen nimmt Clinton am 15. Juli von einer Präsidentschaftskandidatur Abstand. Er will den Demokraten Michael Dukakis in seinem Wahlkampf unterstützen.

Hillary Clinton wird zur Vorsitzenden des Ausschusses für berufstätige Frauen in der amerikanischen Anwaltskammer gewählt.

1988 Hillary Clinton steht im diesjährigen »National Law Journal« auf der Liste der hundert Top-Anwälte des Landes.

Der Republikaner George Bush wird zum neuen Präsidenten der Vereinigten Staaten gewählt.

1989 Clinton kandidiert erneut als Gouverneur von Arkansas.

1990 Bill Clinton wird, vorerst zum letzten Mal, zum Gouverneur von Arkansas gewählt. Er erklärt öffentlich, daß er seine vierjährige Amtszeit auch zu Ende bringen wird. Der demokratische Parteiausschuß wählt Clinton zu seinem Vorsitzenden.

Irakische Truppen besetzen Kuwait und erklären das Land zur 19. irakischen Provinz. Präsident Bush schickt amerikanische Soldaten in den Mittleren Osten.

1991 Am 15. Januar legt Bill Clinton den Amtseid ab. Er übernimmt jedoch weitere nationale Ämter und nutzt jede Chance, sich in den USA zu profilieren.

Am 3. Oktober kündigt Bill Clinton seine Kandidatur für die Präsidentschaft der Vereinigten Staaten an. In den ehemaligen Räumen der »Arkansas Gazette« in Little Rock wird das Wahlkampfhauptquartier eingerichtet.

Am 15. Januar um 0.00 Uhr New Yorker Zeit läuft das Ultimatum der Vereinten Nationen gegenüber dem Irak, seine Truppen aus Kuwait zurückzuziehen, ab. Der Krieg beginnt. Am 28. Februar ist der Golfkrieg mit einer Kapitulation der irakischen Truppen zu Ende.

1992 Am 18. Februar wird Bill Clinton bei den Vorwahlen in New Hampshire knapp zweiter, ist aber noch im Rennen. Diese Wahlen gelten als optimaler Gradmesser für das Wählerinteresse. Wer hier nicht gewinnt oder auf den hinteren Plätzen landet, kann gleich aufgeben.

Zwischen dem 29. März und dem 2. Mai kommt es in Los Angeles und anderen amerikanischen Städten zu schweren Rassenunruhen.

Am 2. Juni kann sich Clinton in den Primaries von Kalifornien und fünf weiteren Staaten die Kandidatur sichern.

Am 9. Juli stellt Bill Clinton seinen Vizepräsidentschaftskandidaten Al Gore, den 44jähriger Senator aus Tennessee, vor.

Am 4. November gewinnt Clinton die Wahl in Ohio und hat damit 286 Wahlmänner hinter sich: Er ist der 42. Präsident der Vereinigten Staaten von Amerika! Die demokratische Partei kann zusätzlich noch die Mehrheit im Senat und Kongreß erringen. Die zwölfjährige Herrschaft der Republikaner ist zu Ende.

1993 Vom 17. bis 21. Januar heißt Washington seinen

neuen Präsidenten mit vielen Veranstaltungen und Festen willkommen. Die Feierlichkeiten zur Amtseinführung kosten rund zwanzig Millionen Dollar.

Zwischen 14. und 19. Januar führen die Alliierten Streitkräfte unter amerikanischem Oberkommando drei Militärschläge gegen den Irak. Das Land soll damit gezwungen werden, die in dem Waffenstillstandsabkommen vom 28. Februar 1991 vereinbarten Auflagen anzuerkennen. Präsident Bush schafft sich so einen »bombastischen« Abgang.

Am 20. Januar wird Bill Clinton Präsident der Vereinigten Staaten von Amerika.

Hillary und Bill Clinton
Einer der vielen Amtseinführungs-Bälle (dpa/epa/AFP)

Das Portrait

Renommierte Journalisten über Personen unserer Zeitge-
schichte – Mit detaillierten Biographien, ausführlichen Zeit-
tafeln, interessanten Zitaten und vielen Fotos.

19/501

Wilhelm Heyne Verlag
München